Pour le *Guide du Routard*
Auteur et directeur de collection :
PHILIPPE GLOAGUEN

En collaboration avec
Joan DOE et Nadège PINEL

Le Routard en 200 villes

LES RÈGLES DU JEU

MARABO

Mise en pages : Cécile Rabataud
Relecture : Camille Mathieu

CONTENU DE LA BOÎTE

210 cartes « Destinations »

• Chaque carte porte sur une seule ville et ses environs.

• Chaque carte contient 3 questions de difficulté progressive, qui permettent de remporter 100, 200 ou 300 kilomètres Routard :

• Les questions sont variées et portent sur l'histoire, la géographie, la culture, des spécialités, des monuments et des personnalités de la ville.

30 cartes « Péripéties »

• Ces cartes viennent pimenter la partie et renverser des situations en pénalisant ou en avantageant la personne qui est interrogée.

• Chaque carte n'est utilisable qu'une fois.

RÈGLES

Nombre de participants

3 à 6 routards (ou 2 à 4 équipes de routards).

But

Être le 1er participant à parcourir 1 500 kilomètres Routard.

Mise en place

- Mélangez les cartes, puis replacez-les dans la boîte.
- Une personne est désignée pour noter les scores sur une feuille. Vous trouverez des fiches de score à la fin de ce livret.

Les règles pas à pas

1. Chaque personne joue à tour de rôle, dans le sens des aiguilles d'une montre.

2. Le participant qui a fait le moins de voyages commence.

3. Un de ses adversaires (appelé « le meneur ») pioche une carte au hasard.

- S'il s'agit d'une **carte « Péripéties »**, le meneur donne la carte à la personne interrogée, qui la lit à haute voix et l'utilise immédiatement.

Cartes « Péripéties » : une personne ne peut être pénalisée que par une seule carte à chaque tour.

• S'il s'agit d'une **carte de destination**, le meneur lit le nom de la ville. La personne interrogée choisit de répondre à l'une des 3 questions en fonction de ses connaissances sur la ville et du nombre de kilomètres Routard qu'elle veut tenter de remporter. Le meneur lit la question correspondante. La personne interrogée a **30 secondes** pour répondre. Elle peut proposer **au maximum 2 réponses**, sauf pour les questions à choix multiples.

Version Expert : en début de partie, si vous êtes tous des routards dans l'âme, vous pouvez décider que les participants n'ont le droit qu'à 1 seule réponse.

4. Si la personne interrogée trouve la bonne réponse, le meneur note le nombre de kilomètres Routard gagnés sur la fiche (même chose si elle remporte ou perd des points avec une carte « Péripéties »).

5. Puis c'est au participant suivant d'être interrogé. Un autre adversaire joue le rôle de « meneur ».

6. Le gagnant est le premier à avoir parcouru au moins 1500 kilomètres miles Routard.

LES SCORES

Notez les initiales de chaque routard dans les cases colorées.

Édité par Hachette Livre
(58, rue Jean-Bleuzen, CS7007, 92178 Vanves Cedex).
Imprimé par Leo Paper en Chine
pour le compte des éditions Marabout.
Dépôt légal : octobre 2023
ISBN : 978-2-501-18096-2
6664235

Coup de Trafalgar !

Répondez à une question
à 200 kilomètres Routard.
Si vous ne donnez pas
la bonne réponse,
les 200 kilomètres Routard
vont à la personne
de votre choix.

Le meneur pioche une nouvelle carte et vous pose la question. Si c'est une carte « Péripéties », elle se substitue à cette carte.

carte
PÉRIPÉTIES

C'est le pactole !

L'adversaire
de votre choix vous donne
300 kilomètres Routard
de son total.

Le meneur note l'échange sur la grille des scores.

carte

PÉRIPÉTIES

Vous avez trop mal aux cheveux pour gravir l'Annapurna.

Vous perdez
200 kilomètres Routard.

carte
PÉRIPÉTIES

L'ascenseur est bloqué au 3e étage.

L'adversaire de votre choix doit répondre à une question à 300 kilomètres Routard.

La personne concernée conserve cette carte tant qu'elle n'a pas joué.

carte

PÉRIPÉTIES

Vous sortez de Polytechnique.

Vous ne pouvez répondre qu'à 1 question à 300 kilomètres Routard.

Le meneur pioche une nouvelle carte et vous pose la question. Si c'est une carte « Péripéties », elle se substitue à cette carte.

carte
PÉRIPÉTIES

La chance sourit parfois aux audacieux.

Vous répondez à 1 question à 200 kilomètres Routard mais vous gagnez 300 kilomètres Routard en cas de bonne réponse.

Le meneur pioche une nouvelle carte et vous pose la question. Si c'est une carte « Péripéties », elle se substitue à cette carte.

carte
PÉRIPÉTIES

Avec l'accent !

Durant toute la partie, l'adversaire de votre choix doit donner ses réponses avec un accent étranger. S'il oublie de le faire, toute réponse correcte sera considérée comme fausse.

La personne concernée pose cette carte devant elle.

carte
PÉRIPÉTIES

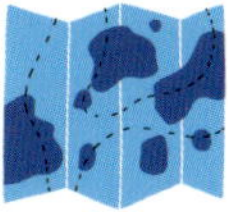

Fort comme un Turc ?

L'adversaire de votre choix doit répondre sans l'aide des choix multiples à la prochaine question qui lui sera posée.

La personne concernée conserve cette carte tant qu'une question à choix multiples ne lui a pas été posée.

carte

PÉRIPÉTIES

C'est la douche écossaise !

Vous devez répondre
à 1 question à
300 kilomètres Routard
mais vous ne gagnerez que
100 kilomètres Routard.

Le meneur pioche une nouvelle carte et vous pose la question. Si c'est une carte « Péripéties », elle se substitue à cette carte.

carte

PÉRIPÉTIES

Vous ne partez jamais sans votre *Guide du Routard*.

Vous gagnez
300 kilomètres Routard.

carte

PÉRIPÉTIES

Coup de Jarnac !

L'adversaire de votre choix
passe son tour.

La personne concernée conserve cette carte tant qu'elle n'a pas passé son tour.

carte
PÉRIPÉTIES

Voyager avec le *Guide du Routard*, c'est Byzance !

Vous répondez à 1 question à 100 kilomètres Routard mais vous gagnez 200 kilomètres Routard en cas de bonne réponse.

Le meneur pioche une nouvelle carte et vous pose la question. Si c'est une carte « Péripéties », elle se substitue à cette carte.

carte

PÉRIPÉTIES

Sympa, cette auberge espagnole !

L'adversaire
de votre choix vous donne
100 kilomètres Routard
de son total.

Le meneur note l'échange sur la grille des scores.

carte

PÉRIPÉTIES

L'ascenseur est bloqué au 2e étage.

Vous ne pouvez répondre
qu'à 1 question
à 200 kilomètres Routard.

Le meneur pioche une nouvelle carte et vous pose la question. Si c'est une carte « Péripéties », elle se substitue à cette carte.

carte

PÉRIPÉTIES

Quelle baraka !

Le meneur pioche
une nouvelle carte et vous lit,
dans l'ordre, les 3 questions
(sans les choix multiples).
Vous répondez à la question
de votre choix.

Si la carte piochée est une carte « Péripéties », il la remet dans la pioche et tire une nouvelle carte.

carte

PÉRIPÉTIES

L'erreur est humaine.

Vous avez le droit de rejouer en cas de mauvaise réponse.

Le meneur pioche une nouvelle carte et vous pose la question de votre choix. Si c'est une carte « Péripéties », elle se substitue à cette carte.

carte

PÉRIPÉTIES

Vous vous êtes cassé la jambe et ne pouvez plus faire d'excursions.

Vous perdez
300 kilomètres Routard.

carte
PÉRIPÉTIES

Jour de chance : vous trouvez cette carte dans la rue.

Si vous donnez la bonne réponse, vous rejouez.

Le meneur pioche une nouvelle carte et vous pose la question de votre choix. Si c'est une carte « Péripéties », elle se substitue à cette carte.

carte

PÉRIPÉTIES

Rome ne s'est pas faite en un jour.

Vous répondez à la question à 300 kilomètres Routard. Si vous ne connaissez pas la réponse, vous avez le droit de la remplacer par une autre question de la carte.

Le meneur pioche une nouvelle carte et vous pose la question. Si c'est une carte « Péripéties », elle se substitue à cette carte.

carte

PÉRIPÉTIES

Vous avez réussi à vous faire comprendre en parlant chinois.

Vous gagnez
200 kilomètres Routard.

carte

PÉRIPÉTIES

L'ascenseur est bloqué au 2e étage.

L'adversaire de votre choix doit répondre à une question à 200 kilomètres Routard.

La personne concernée conserve cette carte tant qu'elle n'a pas joué.

carte

PÉRIPÉTIES

C'est le quart d'heure américain !

Répondez à une question à 300 kilomètres Routard. Si vous ne donnez pas la bonne réponse, les 300 kilomètres Routard vont à la personne de sexe féminin de votre choix ou, à défaut, au joueur le plus jeune.

Le meneur pioche une nouvelle carte et vous pose la question. Si c'est une carte « Péripéties », elle se substitue à cette carte.

carte

PÉRIPÉTIES

Bad luck!

Vous devez répondre
à 1 question à
200 kilomètres Routard
mais vous ne gagnerez que
100 kilomètres Routard.

Le meneur pioche une nouvelle carte et vous pose la question. Si c'est une carte « Péripéties », elle se substitue à cette carte.

carte

PÉRIPÉTIES

Vous avez décidé de rester bronzer sur la plage.

Vous passez votre tour.

carte

PÉRIPÉTIES

Seule la montée est autorisée.

Vous empêchez l'adversaire de votre choix de choisir une question à 100 kilomètres Routard.

La personne concernée conserve cette carte tant que son tour n'est pas passé.

carte
PÉRIPÉTIES

Les petits ruisseaux font les grandes rivières.

Vous répondez à 1 question
à 100 kilomètres Routard
mais vous gagnez
300 kilomètres Routard
en cas de bonne réponse.

Le meneur pioche une nouvelle carte et vous pose la question. Si c'est une carte « Péripéties », elle se substitue à cette carte.

carte

PÉRIPÉTIES

C'est la Bérézina : une vache bloque votre train.

Vous perdez
100 kilomètres Routard.

carte
PÉRIPÉTIES

Jackpot à Las Vegas !

L'adversaire
de votre choix vous donne
200 kilomètres Routard
de son total.

Le meneur note l'échange sur la grille des scores.

carte

PÉRIPÉTIES

Tant qu'à parler comme une vache espagnole...

Durant toute la partie,
vous devez faire précéder
vos réponses de :
« Easy ! La raiponche est... ».
Si vous oubliez de le faire,
toute réponse correcte sera
considérée comme fausse.

Posez cette carte devant vous.

carte

PÉRIPÉTIES

Vous avez fait une bonne affaire dans le souk.

Vous gagnez
100 kilomètres Routard.

carte

PÉRIPÉTIES

PHILADELPHIE

PHILADELPHIE

Qui a écrit la chanson oscarisée *Streets of Philadelphia* pour le film *Philadelphia* ?

A. Elton John
B. Queen
C. Bruce Springsteen

Réponse C

Qui aurait mis au point le paratonnerre le 15 juin 1752 à Philadelphie ?

Benjamin Franklin

Quel mot de 4 lettres compose la sculpture incontournable de l'artiste américain Robert Indiana ?

Love

PYONGYANG

PYONGYANG

À cause de quel événement Pyongyang a-t-elle presque entièrement été rasée ?

A. La guerre de Corée
B. La Seconde Guerre mondiale
C. Un tremblement de terre

Réponse A

Quel art martial est le plus pratiqué à Pyongyang ?

Le taekwondo

Quelle est l'activité la plus populaire à Pyongyang ?

A. La boxe
B. Le cirque
C. L'opéra

Réponse B

QUÉBEC

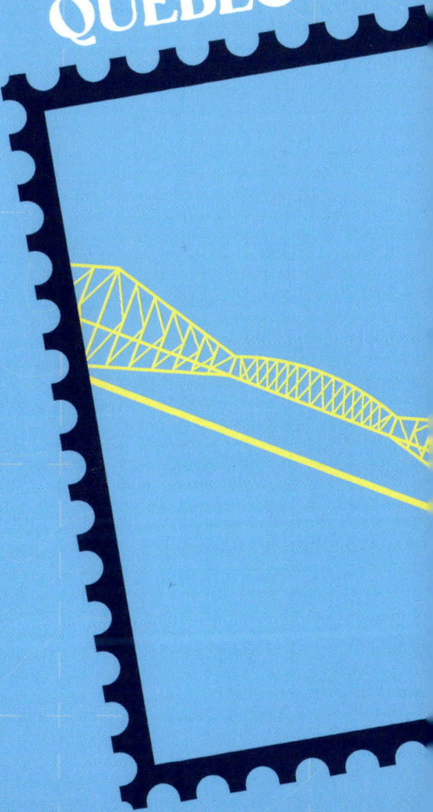

QUÉBEC

Quel fleuve voyez-vous si vous déjeunez au château Frontenac ?

A. Le Saint-Glinglin
B. Le Saint-Laurent
C. Le Saint-Nectaire

Réponse B

Quel plat québécois porte le nom d'un président étranger ?

La poutine

Le fondateur de la ville de Québec est Samuel de...

Champlain

KUALA LUMPUR

KUALA LUMPUR

De quel pays Kuala Lumpur est-elle l'une des 2 capitales ?

A. La Malaisie
B. Le Pakistan
C. La Thaïlande

Réponse A (avec Putrajaya)

La ville abrite un jardin qui contient plus de 3 000 espèces d'une fleur en particulier. Laquelle ?

L'orchidée

Quel élément situé à 170 m de hauteur entre les tours jumelles Petronas fait leur particularité ?

Une passerelle relie les 2 tours.

STUTTGART

STUTTGART

Vrai ou faux ? Le sommet de la tour de la gare de Stuttgart est orné du logo de Mercedes-Benz.

Vrai

À votre avis, que sont l'Altes Schloss et le Neues Schloss, qui font partie des incontournables d'une visite de Stuttgart ?

Le vieux et le nouveau châteaux

Combien d'escaliers qui mènent aux collines y a-t-il dans la ville de Stuttgart ?

A. 50
B. 200
C. 400

Réponse C

BASSE-TERRE

BASSE-TERRE

Quelle triple championne olympique française est née à Basse-Terre ?

Marie-José Pérec

Quel volcan pouvez-vous voir depuis Basse-Terre ?

A. La montagne Pelée
B. Le piton de la Fournaise
C. La Soufrière

Réponse C

Bougenot, Coquille, Liensol ou Matis ont été classées monuments historiques. De quoi s'agit-il ?

De maisons anciennes du centre-ville

HAMBOURG

HAMBOURG

Qu'est-ce qui a été créé à Hambourg ?

A. La choucroute
B. Le hamburger
C. Le hot-dog

Réponse B

Appelé « *Der Michel* » par les Hambourgeois, ce monument offre un panorama sur la ville. Il s'agit :

A. De la colline qui entoure la ville
B. D'une église protestante baroque
C. D'une tour-restaurant mobile

Réponse B

Dans quel domaine Hambourg est-elle la 1re d'Allemagne et la 3e d'Europe ?

L'activité portuaire

TOKYO

TOKYO

Quel est l’ancien nom de Tokyo ?

A. Edo
B. Kyoto
C. Takeshi

Réponse A

Dans quel film Bill Murray et Scarlett Johansson se croisent-ils dans un hôtel à Tokyo ?

Lost in translation, de Sofia Coppola

Comment s’appelle l’équivalent de l’avenue des Champs-Élysées à Tokyo ?

Omotesando

AVIGNON

AVIGNON

D'après la comptine, que fait-on sur le pont d'Avignon ?

« On y danse tous en rond »

Quel surnom donne-t-on à la ville du fait de son passé religieux ?

La Cité des papes

Qui a fondé le festival d'Avignon en septembre 1947 ?

Jean Vilar

BOSTON

BOSTON

La ville de Boston est connue pour :

A. Ses canaux
B. Son marathon
C. Son fort

Réponse B

Citez l'une des 2 universités américaines réputées qui se trouvent à Boston.

Harvard et le MIT

Auteur de romans policiers dont tous les livres se déroulent à Boston, je suis...

Dennis Lehane

OSLO

OSLO

Les signataires des accords d'Oslo de 1993 sont Yasser Arafat, Yitzhak Rabin et :

A. François Mitterrand
B. Kofi Annan
C. Bill Clinton

Réponse C

Qu'est-ce qu'on ne peut pas faire à Oslo ?

A. Descendre une piste de ski
B. Pagayer sur le fjord
C. Observer des baleines

Réponse C

Quel peintre norvégien décédé en 1944 à Oslo y a un musée à son nom ?

Edvard Munch

ORAN

ORAN

Parmi ces personnalités, laquelle n'est pas née à Oran ?

A. Alain Chabat
B. Étienne Daho
C. Florence Foresti

Réponse C

Que ne pourrez-vous pas voir à Oran ?

A. Des arènes
B. Des fortifications
C. La statue d'Albert Camus

Réponse C (l'auteur détestait la ville)

Sur quel massif se situe le fort de Santa Cruz ?

L'Aïdour

THESSALONIQUE

THESSALONIQUE

Quel fromage dégustez-vous, en plus de la viande et des oignons, dans une *bougatsa* ?

A. La feta
B. Le gorgonzola
C. Le gouda

Réponse A

Fondateur de la république de Turquie dont on peut visiter, à Thessalonique, la maison convertie en musée, je suis...

Mustafa Kemal Atatürk

Sur la péninsule Atkè se trouvent les monastères réputés du mont...

Athos

TOULOUSE

TOULOUSE

Quel est le surnom de Toulouse ?

La Ville rose

Comment s'appelle l'incontournable place de Toulouse, où se trouvent la mairie et l'Opéra national ?

La place du Capitole

Dans quel lieu pouvez-vous voir une réplique de la fusée Ariane ?

La Cité de l'espace

ISPAHAN

ISPAHAN

De quel empire Ispahan était-elle la capitale du XVIe au XIXe siècle ?

La Perse

Combien d'hectares fait la place Naghch-e Djahan ?

A. 2 hectares
B. 4 hectares
C. 9 hectares

Réponse C

Qu'est-ce que le Si-o-se-pol ?

A. Un pont en arc à double niveau construit au XVIIe siècle
B. Le nom du zoo qui abrite plus de 5 000 espèces d'oiseaux
C. Le nom du bazar de la ville

Réponse A

NICE

NICE

Quel événement a lieu en février depuis 1873 ?

Le Carnaval de Nice

Comment s'appelle le sandwich garni d'une salade niçoise ?

Le pan-bagnat

Comment s'appelle le palace qui porte le nom de celui qui en fut le maître d'hôtel ?

L'hôtel Negresco

ISTANBUL

ISTANBUL

Comment s'appelait Istanbul avant 1930 ?

A. Ankara
B. Antalya
C. Constantinople

Réponse C

Si vous visitez Sainte-Sophie, vous êtes dans :

A. Une basilique
B. Un château
C. Une mosquée

Réponse C

Le port naturel d'Istanbul se nomme :

A. La Corne d'Abondance
B. La Corne d'Or
C. La Corne du Prophète

Réponse B

COPENHAGUE

COPENHAGUE

Dans quel pays êtes-vous si vous voyagez à Copenhague ?

Au Danemark

Quelle statue, personnage d'un conte, se situe dans le port de Copenhague ?

La Petite Sirène
(personnage d'un conte d'Andersen)

Quel parc de Copenhague, dont le nom provient d'une ville d'Italie, est le plus ancien parc d'attractions du monde ?

Tivoli

TENERIFE

TENERIFE

Que voyez-vous à Tenerife ?

A. Un volcan
B. Une oasis
C. Une pyramide

Réponse A (le Teide)

D'où a été importé le sable qui a permis de créer, dans les années 1970, la plage artificielle de Las Teresitas ?

Du Sahara

Le nom complet de la ville est :

A. El Rosario de Tenerife
B. Las Palmas de Tenerife
C. Santa Cruz de Tenerife

Réponse C

BERNE

BERNE

Physicien ayant résidé à Berne et dont vous pouvez visiter la maison transformée en musée, je suis...

A. Albert Einstein
B. Stephen Hawking
C. Isaac Newton

Réponse A

Dans quel fleuve l'Aar se jette-t-elle après avoir traversé la ville de Berne ?

Le Rhin

Qu'est-ce que la Zytglogge ou Zeitglockenturm, plus vieux monument de Berne ?

Le tour de l'Horloge

FÈS

FÈS

Vrai ou faux ? L'université Al Quaraouiyine est la plus vieille du monde.

Vrai

Comment appelle-t-on le type de mosaïque largement utilisé à Fès ?

A. Azulejos
B. Trencadis
C. Zellige

Réponse C

Fès compte une centaine de bâtiments qui abritaient autrefois les caravanes de marchands et qu'on appelle des...

Caravansérails

NEW YORK

NEW YORK

Citez 3 arrondissements de New York.

Manhattan, Brooklyn, le Queens,
le Bronx, Staten Island…

Sur quel monument new-yorkais King Kong se réfugie-t-il ?

L'Empire State Building

Comment s'appelle l'île sur laquelle se trouve la statue de la Liberté ?

Ellis Island

NOUMÉA

NOUMÉA

Comment sont appelés les métropolitains à Nouméa ?

A. Les pieds
B. Les yeux
C. Les zoreilles

Réponse C

Quel est le nom de cette spécialité culinaire de Nouméa qui vient du surnom donné aux Auvergnats ?

Le bougna

Quelle baie trouve-t-on à Nouméa ?

A. La baie des Citrons
B. La baie du Nickel
C. La baie Trave

Réponse A

GÊNES

GÊNES

De quelle préparation à base, notamment, de basilic, de pignons de pin, de fromage et d'ail la ville de Gênes revendique-t-elle la paternité ?

Le pesto

Avenue mythique de Gênes, où l'on peut admirer des palais des Rolli, je porte le nom d'un révolutionnaire italien. Je suis la *via*…

Garibaldi

Quelle sorte de monument est *La Lanterna*, qui est l'un des plus anciens encore en fonction ?

Un phare

USHUAÏA

USHUAÏA

Quels animaux pouvez-vous admirer à Ushuaïa ?

A. Les goélands
B. Les manchots
C. Les phoques

Réponse B

De quel archipel Ushuaïa est-elle la capitale ?

La Terre de Feu

Comment s'appelle le train qui mène à Ushuaïa ?

Le train du bout du monde

BERLIN

BERLIN

Quel animal est l'emblème de Berlin ?

A. L'hippopotame
B. La fouine
C. L'ours

Réponse C

Quel chef d'orchestre autrichien dirigea l'Orchestre philarmonique de Berlin de 1955 à 1989 ?

Herbert von Karajan

Sous quel symbole de la réunification de Berlin passez-vous si vous êtes à Pariser Platz ?

La porte de Brandebourg

CONAKRY

CONAKRY

Si vous achetez des souvenirs à Conakry, en quelle monnaie locale devez-vous les payer ?

En franc guinéen

Au nord de la ville, quel mont culmine à 1 011 m d'altitude ?

A. Le mont Kakoulima
B. Le mont Nimba
C. Le mont Uele

Réponse A

Où se trouve le centre historique de Conakry ?

A. Sur l'île Gonzales
B. Sur l'île Koufen
C. Sur l'île de Tombo

Réponse C

NÎMES

NÎMES

Comment s'appelle la toile fabriquée à Nîmes qui sert à fabriquer des jeans ?

A. Le calicot
B. Le denim
C. Le jute

Réponse B

Quelle spécialité à base de poisson séché est la spécialité de Nîmes ?

La brandade (la Nîmes)

Quel monument ne date pas de l'époque romaine ?

A. La Maison carrée
B. La tour Magne
C. La Maison romane

Réponse C

NAPLES

NAPLES

Complétez cette expression : « Voir Naples et... »

« mourir »

Quel volcan domine la ville de Naples ?

Le Vésuve

Quel art napolitain lié à la cuisine a été inscrit au patrimoine immatériel de l'Humanité ?

L'art de faire valser la pâte à pizza dans les airs

BAMAKO

BAMAKO

De quel pays africain Bamako est-elle la capitale ?

A. La Mauritanie
B. Le Gabon
C. Le Mali

Réponse C

Quel fleuve, qui porte le nom d'un pays, traverse Bamako ?

Le Niger

Quel reptile, emblème de Bamako, figure sur son drapeau ?

Le crocodile (*Bamako* signifie « marigot du crocodile »)

MEDELLIN

MEDELLIN

Femme politique medellinense retenue prisonnière pendant 7 ans par les Farc, je suis...

Ingrid Betancourt

Comment s'appelle la série sur Pablo Escobar qui se déroule à Medellin ?

Narcos

Comment s'appelle le sculpteur, adepte des formes généreuses, qui a donné son nom à une place de Medellin ?

Fernando Botero

AMSTERDAM

AMSTERDAM

Lors de votre séjour, quel musée national des Beaux-Arts pouvez-vous visiter ?

A. Le Rijksmuseum
B. Le Stedelijk Museum Amsterdam
C. Le Waag

Réponse A

Comment s'appelle le fleuve qui donne en partie son nom à la ville d'Amsterdam ?

L'Amstel

Dans quel monument amstellodamois vous trouvez-vous si vous êtes dans l'Oude Kerk ?

La plus ancienne église de la ville
(*kerk* signifie « église »)

TBILISSI

TBILISSI

De quel pays Tbilissi est-elle la capitale ?

A. L'Azerbaïdjan
B. La Géorgie
C. Le Kurdistan

Réponse B

De quelle route importante la ville de Tbilissi est-elle une étape ?

La route de la soie

Qu'admirez-vous si vous regardez Narikala, qui domine Tbilissi ?

A. Une basilique
B. Un caravansérail
C. Une forteresse

Réponse C

FORT-DE-FRANCE

FORT-DE-FRANCE

Comment s'appellent les habitants de Fort-de-France ?

A. Les Fordefrançais
B. Les Foyalais
C. Les Yakafokons

Réponse B

Comment a été nommée la baie de la ville, en l'honneur des réfugiés juifs hollandais du XVIIe siècle ?

La baie des Flamands

Quel poète, inventeur de la négritude, a été maire de la ville de 1945 à 2001 ?

Aimé Césaire

DOHA

DOHA

Vrai ou faux ? La tour Burj Khalifa est le plus haut gratte-ciel de Doha.

Faux (elle se trouve à Dubaï)

À quel événement n'avez-vous pas pu assister à Doha ?

A. Un championnat du monde de Formule 1
B. Une Coupe du monde de football
C. Un sommet sur le changement climatique

Réponse A

Que désigne *The Pearl* à Doha ?

A. Un archipel d'îles artificielles
B. Des pigeonniers
C. Le souk

Réponse A

SAN SEBASTIÁN

SAN SEBASTIÁN

Quelles sont les 2 langues parlées à San Sebastián ?

Le basque et l'espagnol

Comment s'appelle la baie qui a rendu San Sebastián célèbre ?

A. La Concha
B. La Ondarreta
C. La Zurriola

Réponse A

Comment s'appellent les tapas à San Sebastián ?

A. Les sébastes
B. Les pintxos
C. Les xaktos

Réponse B

DÜSSELDORF

DÜSSELDORF

Dans *X-Men : Le Commencement*, quel personnage affirme que ses parents vivaient à Düsseldorf ?

Magnéto

Quel ancêtre de l'espèce humaine a été découvert dans la vallée de la Düssel, qui donne son nom à la ville ?

L'homme de Néandertal

Si vous vous baladez autour de l'Immermannstraße et Hauptbahnhof, vous vous retrouvez dans le quartier :

A. Africain
B. Indien
C. Japonais

Réponse C (la ville accueille la plus grande communauté japonaise d'Europe)

AJACCIO

AJACCIO

Quel natif d'Ajaccio a fait du 15 août, jour de sa naissance, un jour férié ?

Napoléon (la Saint-Napoléon)

Quelle lolita de la chanson française est née à Ajaccio ?

Alizée (*Moi… Lolita*)

Quelles îles pouvez-vous visiter à l'entrée du golfe d'Ajaccio ?

A. Les îles du Levant
B. Les îles Sanguinaires
C. Les îles du Toro

Réponse B

BANGKOK

BANGKOK

Vrai ou faux ? Le nom complet de Bangkok en thaïlandais est le plus long du monde.

Vrai (il figure dans le *Livre Guinness des records*)

Quelle monnaie officielle devez-vous utiliser à Bangkok ?

A. Le baht
B. Le dong
C. Le kip

Réponse A

Sur quel fleuve pouvez-vous traverser Bangkok en bateau-bus ou en bateau longue-queue ?

A. Le Chao Praya
B. Le Mékong
C. Le Salouen

Réponse A

SAINT-MALO

SAINT-MALO

Quel festival de musique se déroule près de Saint-Malo depuis 1991 ?

A. Hellfest
B. Le festival des Vieilles Charrues
C. La Route du rock

Réponse C

Au départ de quelle course transatlantique en solitaire pouvez-vous assister depuis Saint-Malo, mais seulement tous les quatre ans ?

La Route du rhum

Comment se nomme le donjon fortifié que vous pouvez admirer dans le quartier Saint-Servan ?

A. Le fort National
B. Le Petit-Bé
C. La tour Solidor

Réponse C

DUBROVNIK

DUBROVNIK

Dans quel pays se trouve la ville de Dubrovnik ?

A. La Bosnie
B. La Croatie
C. La Serbie

Réponse B

Situé au cœur de la vieille ville, Sponza est le nom :

A. D'un palais
B. De l'artère principale
C. D'une synagogue

Réponse A

De quelle série américaine culte la ville est-elle l'un des principaux décors ?

Game of Thrones

NEW DELHI

NEW DELHI

Que font les habitants de New Dehli pour fêter l'indépendance de l'Inde ?

A. Ils brûlent des ordures
B. Ils font voler des cerfs-volants
C. Ils fabriquent des papillons en papier

Réponse B

À quel siècle les Britanniques ont-ils fondé la ville de New Dehli ?

Au début du XXe siècle

Comment s'appelle le temple de New Dehli qui doit son nom au fait qu'il a la forme de cette fleur ?

Le temple du Lotus

HANOÏ

HANOÏ

Dans quel pays êtes-vous si vous séjournez à Hanoï ?

A. Au Cambodge
B. Au Viêt Nam
C. En Indonésie

Réponse B

Quel mausolée, qui porte le nom de la personnalité à laquelle il rend hommage, pouvez-vous visiter place Ba Dinh ?

Hô Chi Minh

Quelle couleur donne son nom au fleuve qui traverse Hanoï ?

Le fleuve Rouge

MELBOURNE

MELBOURNE

Quelle reine d'Angleterre donne son nom au marché qui regroupe plus de 600 étals ?

Victoria

Quel est le nom de la plus haute tour de la ville avec ses 91 étages ?

A. L'Amazing Tower
B. La Biggest Tower
C. L'Eureka Tower

Réponse C

À quelle parade animalière pouvez-vous assister sur la plage de St Kilda ?

La parade des manchots

DUBLIN

DUBLIN

Quelle est la brasserie la plus célèbre de Dublin que vous pouvez visiter ?

Guinness

Complétez la devise de la ville de Dublin : « *Heureuse la ville où les citoyens...* »

A. *Dorment*
B. *Obéissent*
C. *S'ennuient*

Réponse B

Quelle poissonnière ambulante, dont le nom est l'hymne officieux de Dublin, a sa statue au cœur de la ville ?

Molly Malone

SAINT-ÉTIENNE

SAINT-ÉTIENNE

Comment est surnommée l'équipe de football de l'AS Saint-Étienne ?

A. Les Canaris
B. Les Gones
C. Les Verts

Réponse C

Que désigne le Forez par rapport à Saint-Étienne ?

A. Sa manufacture d'armes
B. La région naturelle où elle se trouve
C. Son stade de football

Réponse B

Quel chef étoilé, natif de la région, a ouvert son 1er restaurant à Saint-Étienne ?

A. Paul Bocuse
B. Alain Ducasse
C. Pierre Gagnaire

Réponse C

KABOUL

KABOUL

À quel duo doit-on la chanson *Manhattan-Kaboul* ?

A. Céline Dion et Garou
B. Renaud et Axelle Red
C. Slimane et Vitaa

Réponse B

Que représentaient les 3 statues monumentales de la vallée de Bâmiyân, détruites par les Talibans en 2001 ?

Bouddha

Bagh-e Babur abrite le tombeau de Babur, fondateur de l'empire moghol, mais c'est aussi :

A. Un jardin
B. Une mosquée
C. Une résidence royale

Réponse A

PAPEETE

PAPEETE

Quelles sont les couleurs du drapeau de Papeete ?

Bleu, blanc, rouge

Quel monument ne pouvez-vous pas visiter en allant à Papeete ?

A. La cathédrale Notre-Dame
B. La Grande Mosquée bleue
C. Le temple Mormon de Paofai

Réponse B

Quel peintre impressionniste a peint l'île et sa capitale ?

Paul Gauguin

FLORENCE

FLORENCE

Qui a régné sur la république de Florence ?

A. Les Borgia
B. Les Habsbourg
C. Les Médicis

Réponse C

Quel est le nom du célèbre pont florentin qui enjambe l'Arno ?

Le Ponte Vecchio

Sous quel nom est plus connue la cathédrale Santa Maria del Fiore ?

Le Duomo

MIAMI

MIAMI

Sur laquelle de ces plages pouvez-vous bronzer à Miami ?

A. Malibu
B. Palm Beach
C. Venice Beach

Réponse B

Par qui la ville moderne de Miami a-t-elle été fondée ?

A. Une femme
B. Un Mormon
C. Un parrain de la mafia

Réponse A (Julia Tuttle, seule femme à avoir fondé une grande ville américaine)

Citez l'un des 2 parcs nationaux qui encadrent la ville.

Biscayne à l'est
et les Everglades à l'ouest

JÉRUSALEM

JÉRUSALEM

Comment se nomme le mont qui abrite le plus grand cimetière juif du monde ?

A. Le mont de David
B. Le mont de Judée
C. Le mont des Oliviers

Réponse C

Quel nom les chrétiens donnent-ils au lieu de prière que les juifs appellent Kotel ?

Le mur des Lamentations

Quel est le nom de la plus grande mosquée de Jérusalem, qui est située sur l'esplanade des mosquées ?

La mosquée al-Aqsa

GRENADE

GRENADE

Comment s'appellent les habitants de la ville de Grenade ?

A. Les Gredins
B. Les Grenadiers
C. Les Grenadins

Réponse C

Lequel de ces monuments ne pouvez-vous pas visiter dans la ville de Grenade ?

A. L'Alhambra
B. Le château de Gibralfaro
C. Le monastère de San Jeronimo

Réponse B (Malaga)

Au pied de quelle chaîne de montagnes pouvez-vous randonner quand vous séjournez dans la ville de Grenade ?

La Sierra Nevada

SAINT-DENIS DE LA RÉUNION

SAINT-DENIS DE LA RÉUNION

Quel océan borde la ville de Saint-Denis ?

L'océan Indien

Quel aviateur français, qui a donné son nom à un stade, est né à Saint-Denis ?

Roland Garros

Comment s'appelle le point culminant de la ville ?

- **A.** La Roche Écrite
- **B.** La Roche Noire
- **C.** La Roche Enneigée

Réponse A

SANTIAGO

SANTIAGO

Comment s'appelle le plus haut gratte-ciel d'Amérique du Sud, situé à Santiago ?

A. Gran Torre de Santiago
B. Gratte-cielo de la Muerte
C. La Torre de Las Americas

Réponse A

Citez 2 hommes politiques chiliens morts à Santiago.

Salvador Allende, Augusto Pinochet...

Je m'appelle Ricardo Eliécer Neftalí Reyes Basoalto et je suis un poète santiagois qui a reçu le prix Nobel de littérature en 1971. Mon nom de plume est...

Pablo Neruda

LA HAVANE

LA HAVANE

Comment s'appelle le groupe d'artistes cubains filmé par Wim Wenders et produit par Ry Cooder ?

A. Le Buena Vista Social Club
B. Le Cuba Libre
C. Le Salsa Giants

Réponse A (nom d'un ancien club de musique situé en banlieue de La Havane)

Citez 1 des 2 cocktails à base de sucre de canne inventés par les Cubains.

Le daïquiri, le Cuba libre et le mojito

Quelle chanteuse cubano-américaine a connu le succès avec une chanson qui rend hommage à La Havane et la culture cubaine ?

Camila Cabello (*Havana*)

HONG KONG

HONG KONG

Pour quelle raison des couples viennent-ils au pic Victoria ?

- **A.** Pour bénir leur premier-né
- **B.** Pour danser
- **C.** Pour faire une demande en mariage

Réponse C

Quelle est la monnaie de Hong Kong ?

Le dollar de Hong Kong

De quel élément naturel Tin Hau, à qui plus d'une centaine de temples sont consacrés, est-elle la déesse ?

La mer

TOMBOUCTOU

TOMBOUCTOU

Dans le film *Timbuktu*, d'Abderrahmane Sissako, à quoi s'amusent les enfants ?

A. Ils fabriquent des instruments de musique
B. Ils font du ski sur les dunes de sable
C. Ils jouent au football sans ballon

Réponse C (le sport et la musique sont interdits à cause de la charia)

Tombouctou est célèbre pour :

A. Ses églises gothiques
B. Ses maisons troglodytiques
C. Ses manuscrits anciens

Réponse C (ville universitaire, on estime qu'elle posséderait environ 100 000 manuscrits anciens)

D'après son surnom, Tombouctou serait entourée et protégée par :

A. 7 lions
B. 333 saints
C. 666 serpents

Réponse B (« La ville aux 333 saints »)

DAKAR

DAKAR

Quel est le nom des habitants de Dakar ?

A. Les Dakarais
B. Les Dakariens
C. Les Dakarois

Réponse C

Sur quelle île devez-vous vous rendre pour visiter l'ancien centre de commerce des esclaves ?

L'île de Gorée

Comment s'appelle le marché des fruits et légumes et produits africains, joyau sénégalais au cœur du quartier historique du Plateau ?

A. Le marché Boribana
B. Le marché Kermel
C. Le marché Ngor

Réponse B

ANTANANARIVO

ANTANANARIVO

Sous quel nom la ville d'Antananarivo a-t-elle été rebaptisée à l'époque coloniale ?

A. Tontontonèla
B. Tananarive
C. Madagaville

Réponse B

Comment appelle-t-on les habitants d'Antananarivo ?

Les Antananariviens

Comment s'appelle le complexe royal fortifié de la haute ville ?

A. Le manoir Anté
B. Le palais d'Andrianampoinimerina
C. Le Rova

Réponse C

PARIS

PARIS

Sur quelle place se trouve l'obélisque ?

A. La place de l'Étoile
B. La place de la Concorde
C. La place du Tertre

Réponse B

Quel magasin parisien a été créé par Aristide Boucicaut ?

Le Bon Marché, 1er grand magasin parisien

Avec les pierres de quel édifice le pont de la Concorde a-t-il été construit ?

La prison de la Bastille

LAS VEGAS

LAS VEGAS

Lequel de ces casinos a été cambriolé dans le film *Ocean's Eleven* ?

A. Le Four Seasons
B. Le Bellagio
C. Le Stardust

Réponse B

Citez 3 chanteurs ou chanteuses qui se sont produits à Las Vegas.

Adele, Céline Dion, Lady Gaga,
Elton John, Jennifer Lopez,
Dean Martin, Katy Perry,
Elvis Presley, Line Renaud,
Frank Sinatra, Britney Spears…

Comment s'appelle le boulevard où se trouvent les casinos les plus prestigieux ?

The Strip

MEXICO

MEXICO

Quelle femme peintre est née en 1907 à Mexico ?

Frida Kahlo

Quel peuple amérindien a fondé la ville de Tenochtitlan où Hernán Cortés a bâti Mexico ?

Les Aztèques

Vrai ou faux ? Les habitants de Mexico s'appellent les Mexicains.

Faux (les Capitalinos)

TORONTO

TORONTO

Comment s'appelle le lac qui borde Toronto et qui est aussi le nom de sa province ?

Ontario

Qui a fait construire la Casa Loma de Toronto ?

A. Un riche homme d'affaires canadien
B. La reine Victoria
C. Jacques Cartier

Réponse A (Sir Henry Pellatt)

Si vous allez à Toronto, vous ferez forcément un détour pour admirer ce site naturel, bruyant et spectaculaire. De quoi s'agit-il ?

Les chutes du Niagara

VIENNE

VIENNE

Vrai ou faux ? La ville a été occupée par les Alliés après la 2nde guerre mondiale et découpée en 4 secteurs comme Berlin.

Vrai

Que mangez-vous si l'on vous sert un *Wiener Schnitzel* ?

A. Une escalope de veau panée
B. Un gâteau aux pommes
C. Un pot-au-feu

Réponse A

Quel film écrit par Graham Greene, avec Orson Welles, a pour cadre Vienne en 1948 ?

Le Troisième Homme, de Carol Reed

GAND

GAND

Quelle industrie fut florissante à Gand du Moyen Âge jusque dans les années 1960 ?

A. La céramique
B. L'industrie sidérurgique
C. L'industrie textile

Réponse C

Comment s'appelle l'ancienne tour de guet de Gand ?

Le Beffroi

Quel nom porte son très touristique quai aux Herbes ?

A. Baumince
B. Graslei
C. Petigrau

Réponse B

TUNIS

TUNIS

Que signifie le nom de la ville de Tunis ?

A. Bivouac
B. Soleil
C. Tunique

Réponse A

De quelle cité punique pouvez-vous visiter les ruines en allant à Tunis ?

Carthage

Zitouna est le nom :

A. D'une mosquée de la médina de Tunis
B. D'une pâtisserie tunisienne
C. Du théâtre municipal de Tunis

Réponse A (classée au patrimoine mondial, elle est la principale mosquée de la médina de Tunis)

BARCELONE

BARCELONE

Quel est le surnom du FC Barcelone ?

A. L'Athletico
B. Le Barça
C. Le Real

Réponse B

Quel navigateur trône au sommet d'une colonne sur le port de Barcelone ?

Christophe Colomb

Quel parc barcelonais est l'œuvre de l'architecte catalan Antoni Gaudí ?

Le parc Güell

JOHANNESBURG

JOHANNESBURG

Quel est le surnom de la ville, en référence au gisement sur lequel elle est située ?

« La ville de l'or »

Quel chanteur, décédé à Johannesburg en 2019, était surnommé « le Zoulou blanc » ?

Johnny Clegg

À quelle personnalité le musée Satyagraha House, « maison inspirée » qui fut sa résidence, rend-il hommage ?

Le Mahatma Gandhi

KINGSTON

KINGSTON

Quel artiste a eu droit, à Kingston, à des funérailles nationales en 1981 ?

Bob Marley

Quel pays a fondé Kingston ?

L'Angleterre

Quel groupe religieux s'est installé dans le ghetto de Kingston en 1966 ?

Les rastafaris

SIENNE

SIENNE

Dans quelle région est située la ville de Sienne ?

A. La Campanie
B. La Toscane
C. La Vénétie

Réponse B

Que désigne *Il Campo*, site incontournable de la ville de Sienne ?

La place principale incurvée et inclinée (*Piazza del Campo*)

À quel genre de course correspond le *Palio* de Sienne ?

Une course de chevaux dans la ville

MONTRÉAL

MONTRÉAL

Quel est le sport emblématique de Montréal ?

Le hockey sur glace

Chanteur et auteur canadien dont le portrait a été peint sur un immeuble de 21 étages à Montréal, je suis...

Leonard Cohen

Quel est le parc le plus connu de Montréal, situé au pied de la colline majestueuse du même nom ?

Le parc Mont-Royal

MANCHESTER

MANCHESTER

Quelle mer borde Manchester ?

Aucune

Citez le nom de 3 footballeurs français qui ont joué dans le club de Manchester United.

Fabien Barthez, Laurent Blanc,
Éric Cantona, Paul Pogba,
Louis Saha…

Quel groupe de britpop a été créé en 1991 par 2 frères originaires de Manchester ?

Oasis

ALEXANDRIE

ALEXANDRIE

Qui a fondé la ville d'Alexandrie ?

Alexandre le Grand

Quel monument d'Alexandrie est l'une des 7 merveilles du monde ?

Le phare

Quel monument antique a fait d'Alexandrie un des foyers intellectuels de la période hellénistique ?

Sa bibliothèque

AMMAN

AMMAN

À quel héros de la mythologie, qui a tué le lion de Némée, est dédié le temple d'Amman ?

A. Énée
B. Hercule
C. Ulysse

Réponse B

Vrai ou faux ? Amman s'appelait Philadelphia à l'époque romaine.

Vrai

Quel est le surnom d'Amman ?

A. La ville aux mille collines
B. La Rome du Moyen-Orient
C. L'oasis du Moyen-Orient

Réponse B

LA NOUVELLE-ORLÉANS

LA NOUVELLE-ORLÉANS

En l'honneur de quelle personnalité la ville a-t-elle été nommée ?

A. Louis XIV
B. Louis XV
C. Le duc d'Orléans (le Régent)

Réponse C

Comment s'appelle la rue animée du quartier historique de La Nouvelle-Orléans ?

Bourbon Street

Comment s'appelle le créole parlé en Louisiane ?

Le cajun

LE CAP (CAPE TOWN)

LE CAP (CAPE TOWN)

Quelle boisson alcoolisée, produite localement, pouvez-vous boire avec modération au Cap ?

A. Le rhum
B. Le saké
C. Le vin

Réponses A et C

De quel opposant à l'apartheid pouvez-vous visiter la cellule sur l'île de Robben Island ?

Nelson Mandela

Quelle est la fleur endémique du Cap ?

A. L'hibiscus
B. Le magnolia
C. La protéa

Réponse C

LISBONNE

LISBONNE

Quel genre musical, qui signifie « destin », pouvez-vous écouter à Lisbonne ?

Le fado

Quel nom portent les carreaux de faïence décorés qui ornent certaines maisons de Lisbonne ?

Les azulejos

Dans quel quartier se trouve la pâtisserie qui réalise, depuis 160 ans, des pastéis de nata, dont la recette originale a été transmise oralement par des moines ?

Belém

CASABLANCA

CASABLANCA

Lequel de ces chanteurs est né à Casablanca ?

A. Patrick Bruel
B. Pascal Obispo
C. Alain Souchon

Réponse C

Vrai ou faux ? La conférence de Casablanca a réuni, en 1943, Franklin Roosevelt, Joseph Staline et Winston Churchill.

Faux (Franklin Roosevelt, Winston Churchill, Charles de Gaulle, ainsi que le général Henri Giraud)

Que sont notamment Bab el-Marsa et Bab el-Kebir ?

Des portes dans la muraille de l'ancienne ville

SAN SALVADOR

SAN SALVADOR

Quelle langue parle-t-on à San Salvador, la capitale du Salvador ?

L'espagnol

Au pied de quel volcan a été bâtie San Salvador ?

A. La Malinche
B. Le Popocatépelt
C. Le Quetzaltepec

Réponse C

Comment s'appelle le peuple autochtone de San Salvador ?

A. Les Pipils
B. Les Cacals
C. Les Cuculs

Réponse A

SPLIT

SPLIT

Quelle série américaine a été tournée dans le palais de Dioclétien à Split ?

A. *Breaking Bad*
B. *Game of Thrones*
C. *Twin Peaks*

Réponse B

Vrai ou faux ? Le centre-ville de Split est aménagé dans l'enceinte du palais de l'empereur Dioclétien.

Vrai

Au départ de Split, dans quelle étendue d'eau, nichée entre 2 îles, pouvez-vous nager ?

A. Le lac Vert
B. Le lagon Bleu
C. La lagune Jaune

Réponse B

ANKARA

ANKARA

Où doivent obligatoirement se rendre les visiteurs officiels étrangers ?

A. Les thermes romains
B. Le mausolée d'Atatürk
C. La mosquée Aslahane

Réponse B (aussi appelé *Anıtkabir*)

Quelle inscription pouvez-vous voir sur le monument d'Ancyre ?

A. Le testament politique de l'empereur Auguste
B. Des graffitis de la Perse antique
C. La liste des victoires militaires de la ville

Réponse A

Comment s'appelle la fortification médiévale qui entoure Ankara ?

La citadelle

BIRMINGHAM

BIRMINGHAM

Lequel de ces groupes de musique n'est pas originaire de Birmingham ?

A. Black Sabbath
B. UB40
C. U2

Réponse C

La plus ancienne compétition de football a été créée à Birmingham. Il s'agit de :

A. La Coupe d'Angleterre
B. La Coupe de l'UEFA
C. La Ligue anglaise de football

Réponse C (elle a précédé la Premier League)

Comment s'appelle la marque de chocolat créée à Birmingham, à laquelle un musée est dédié ?

Cadbury

JAKARTA

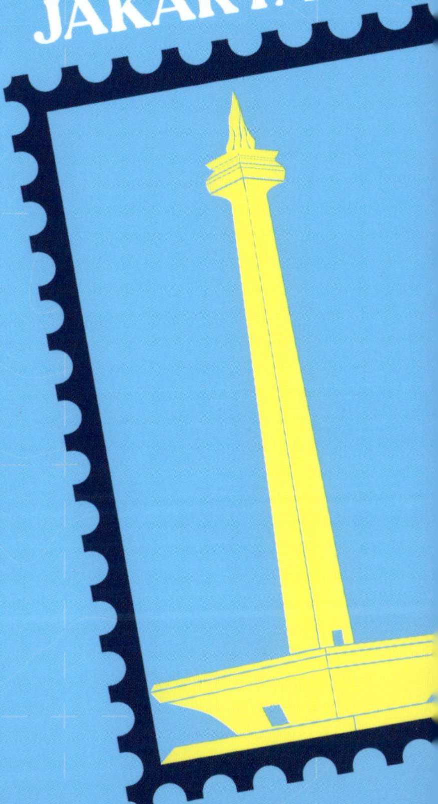

JAKARTA

Si vous vous déplacez en « becak » dans Jakarta, vous êtes dans...

A. Un pousse-pousse
B. Une trottinette
C. Un vélo à 3 places

Réponse C

Quel surnom est souvent donné à Jakarta ?

A. « La Venise de l'Asie »
B. « Le Grand Durian »
C. « La Belle verte »

Réponse C

Quel type de spectacle traditionnel pouvez-vous admirer au musée du Wayang ?

A. Du théâtre nō
B. Du théâtre d'ombres
C. Du théâtre d'improvisation

Réponse B

HAMMAMET

HAMMAMET

Comment s'appelle la partie ancienne d'Hammamet et de toutes les villes du Maghreb ?

A. Le mahalla
B. La médina
C. Le souk

Réponse B

Devant quelle construction, ayant pour mission de protéger, vous trouvez-vous quand vous visitez la Kasbah ?

Une forteresse

Où êtes-vous quand vous emmenez vos enfants visiter le Friguia Park à 20 minutes du centre-ville ?

Dans un zoo

CORFOU

CORFOU

Quelle ville lagunaire italienne a laissé son empreinte dans les ruelles de Corfou ?

Venise

Quel sport collectif, vestige de la domination britannique, a donné son nom à une place de la ville ?

Le cricket (place du Cricket)

Quelle mer pouvez-vous admirer quand vous êtes à Corfou ?

La mer Ionienne

MUNICH

MUNICH

Quelle fête se cache derrière le nom d'Oktoberfest ?

La fête de la bière

À quel réalisateur américain doit-on le film intitulé *Munich* ?

Steven Spielberg

Comment s'appelle la place centrale de Munich ?

A. Gärtnerplatz
B. Marienplatz
C. La Pinakothek

Réponse B

TRIPOLI

TRIPOLI

Que signifie le nom de la ville de Tripoli ?

A. Trois portes
B. Trop poli
C. Trois villes

Réponse C

À quel monument, qui marque la limite nord de la médina de Tripoli, l'empereur Marc-Aurèle a-t-il donné le nom ?

A. Une agora
B. Une arène
C. Un arc

Réponse C

Quel endroit ne pouvez-vous pas visiter en allant à Tripoli ?

A. Le château Rouge
B. La place Verte
C. La tour Blanche

Réponse C

PORTO

PORTO

Quels sont les 2 ingrédients du porto ?

Du vin et de l'eau-de-vie de raisin

Qu'est-ce que la *francesinha* ?

A. La cathédrale de Porto dédiée à Jeanne d'Arc
B. Un croque-monsieur typique de Porto
C. Le nom du viaduc ferroviaire de la ville

Réponse B

Comment s'appelle le fleuve qui traverse Porto ?

Le Douro

REIMS

REIMS

Quel roi fut baptisé en 498 sur l'emplacement occupé aujourd'hui par la cathédrale Notre-Dame de Reims ?

Clovis

Citez 3 marques de champagne dont on peut visiter les caves à Reims.

Pommery, Taittinger, Veuve Clicquot,
Lanson, Ruinart.

Avec sa couleur rose et son nappage blanc, quelle est la spécialité culinaire de Reims ?

Le biscuit rose

PHUKET

PHUKET

Quelle statue haute de 45 m, véritable attraction touristique religieuse, pouvez-vous admirer sur la colline de Nakkerd ?

La statue de Bouddha

Quel sport national pouvez-vous regarder tous les vendredis soir ?

La boxe thaï

Dans quelle mer êtes-vous quand vous vous baignez à Phuket ?

A. La mer d'Andaman
B. La mer de Banda
C. La mer de Sulu

Réponse A

PALERME

PALERME

Dans quelle région d'Italie se trouve Palerme ?

La Sicile

Quel film de Luchino Visconti, sorti en 1963, a été tourné à Palerme ?

Le Guépard

Que pouvez-vous voir dans les catacombes du couvent des Capucins ?

Des milliers de corps momifiés

VLADIVOSTOK

VLADIVOSTOK

Quel site militaire est indissociable de la ville ?

Sa base navale

Né à Vladivostok en 1920, je mène une carrière d'acteur internationale aux États-Unis. Je suis...

A. Yul Brynner
B. Sylvester Stallone
C. Steven Seagal

Réponse A (une statue est érigée devant sa maison natale)

Quelle mer borde la ville ?

La mer du Japon

TÉHÉRAN

TÉHÉRAN

À quel ayatollah est dédié le mausolée dont la construction a débuté en 1989 ?

Khomeini

De quoi est recouverte la tour Azadi ?

A. De bois de cyprès
B. De marbre blanc
C. De mosaïque

Réponse B

Comment s'appelle le quartier couvert de Téhéran qui accueille des commerces de toutes sortes ?

Le grand bazar (étendu sur 10 km, il date du XIXe siècle)

SÃO PAULO

SÃO PAULO

Qu'est-ce qu'une churrascaria ?

A. Une boulangerie
B. Un restaurant de viande
C. Une salle de danse

Réponse B

Quelle est la plus importante communauté de São Paulo ?

A. Italienne
B. Portugaise
C. Japonaise

Réponse A (60 % de la population)

Quel bâtiment Oscar Niemeyer a-t-il construit à l'âge de 96 ans, qui porte aussi le nom du parc dans lequel il est situé ?

A. Un auditorium
B. Une cathédrale
C. Un musée d'art contemporain

Réponse A (auditorium d'Ibirapuera)

KYOTO

KYOTO

Kyoto a été la capitale du Japon jusqu'en :

A. 1868
B. 1945
C. 1968

Réponse A

Comment s'appelle le train à grande vitesse qui dessert Kyoto ?

Le Shinkansen

Combien de temples pouvez-vous visiter à Kyoto ?

A. 160
B. 540
C. 1600

Réponse C

LAUSANNE

LAUSANNE

La ville de Lausanne se situe dans le canton de :

- **A.** Genève
- **B.** Neuchâtel
- **C.** Vaud

Réponse C

À quel architecte français doit-on la restauration, dans les années 1870, de la cathédrale Notre-Dame ?

Eugène Viollet-le-Duc
(mort et enterré à Lausanne)

Sur la place de la Palud, quel objet retrace plusieurs fois par jour l'histoire de la ville de Lausanne ?

Une horloge animée et parlante

VÉRONE

VÉRONE

Quelle tragédie de Shakespeare se déroule à Vérone ?

Roméo et Juliette (on peut, d'ailleurs, visiter la maison de Juliette)

À quelle époque a été construit le Castelvecchio, la forteresse de Vérone ?

A. L'époque romaine
B. Le Moyen Âge
C. La Renaissance

Réponse B

Comment s'appelle le gâteau de Noël originaire de Vérone ?

Le pandoro

BUCAREST

BUCAREST

Quel est le surnom de Bucarest ?

A. Le Londres des Balkans
B. Le New York des Balkans
C. Le Paris des Balkans

Réponse C

Quel dictateur communiste siégea à Bucarest jusqu'en 1989 ?

Nicolae Ceausescu

Quel empereur sanglant a construit la Curtea Veche ?

Vlad III l'Empaleur

WELLINGTON

WELLINGTON

Quel réalisateur, né à Wellington, a son studio de post-production (Weta) à Wellington ?

A. Martin Campbell
B. Peter Jackson
C. George Miller

Réponse B

Avec quelle devise devez-vous payer à Wellington ?

Le dollar néo-zélandais

Mont qui domine Wellington à l'Est, je porte le nom d'une célèbre reine. Je suis le mont...

Victoria

PÉTRA

PÉTRA

Lequel de ces films a pour décor le site de Pétra ?

A. *Indiana Jones et la dernière croisade*
B. *La Momie*
C. *Tomb Raider*

Réponse A

Sur le site de Pétra, vous pouvez voir les ruines du temple des :

A. Bédouins
B. Éléphants sacrés
C. Lions ailés

Réponse C

Quelle est la fonction de la Khazneh, monument le plus connu de la cité nabatéenne de Pétra ?

Il s'agit d'un tombeau.

ZAGREB

ZAGREB

Comment appelle-t-on les habitants de Zagreb ?

A. Les Zagrébites
B. Les Zagrébois
C. Les Zabécroates

Réponse B

Sous quel autre nom est connu la place Petar Preradović ?

A. La place des antiquaires
B. La place des armes
C. La place des fleurs

Réponse C

Que peut-on entendre chaque jour à midi dans la ville ?

A. L'appel du muezzin
B. Un coup de canon
C. Les cloches de toutes les églises

Réponse B (tiré depuis la tour Lotrščak)

BRUXELLES

BRUXELLES

Au départ de Paris, quel train devez-vous prendre pour aller à Bruxelles ?

A. L'Eurostar
B. Le Lyria
C. Le Thalys

Réponse C

Qu'est-ce que le Manneken-Pis ?

Une fontaine avec une statue d'un garçonnet qui fait pipi

Comment s'appelle le monument composé de 9 boules en fer créé pour l'Exposition universelle de 1958 ?

L'Atomium

MACAO

MACAO

À quelle activité, qui a rendu Macao riche et célèbre, pouvez-vous vous adonner ?

A. L'e-sport
B. Les jeux d'argent
C. Le karaoké

Réponse B

Quel pays européen a officiellement rendu Macao à la Chine le 20 décembre 1999 ?

Le Portugal

Quelle est la seule partie de l'église de la Mère-de-Dieu encore debout, devant laquelle les touristes viennent se faire photographier ?

Sa façade

ESSAOUIRA

ESSAOUIRA

En raison de sa situation géographique et de ses remparts couleur sable, Essaouira est surnommée :

A. La Grenoble marocaine
B. La Lutèce marocaine
C. La Saint-Malo marocaine

Réponse C

Quel est l'ancien nom d'Essaouira, qui est aussi celui d'un îlot proche ?

A. Châtelet
B. Marigny
C. Mogador

Réponse C

À quel festival de musique marocaine pouvez-vous assister chaque année à Essaouira ?

A. Le Festival de la musique gnaoua
B. Le Festival de la musique mbalax
C. Le Festival de la musique zouglou

Réponse A

KEY WEST

KEY WEST

Quel écrivain, dont vous pouvez visiter la maison, a écrit à Key West une bonne partie de son œuvre ?

A. Paul Auster
B. Jim Harrison
C. Ernest Hemingway

Réponse C

Comment appelle-t-on les habitants de Key West, en référence à un coquillage ?

A. Les Conchs
B. Les Coks
C. Les Crabs

Réponse A

En venant de Miami, comment s'appelle ce pont de 11 km que l'on voit notamment dans *Permis de tuer*, de John Glen ?

A. Eleven Bridge
B. Seven Miles Bridge
C. James Bond Bridge

Réponse B

MINSK

MINSK

Quelle forme a la bibliothèque nationale ?

A. Pentaèdre
B. Rhombicuboctaèdre
C. Tétraèdre

Réponse B (8 faces triangulaires et 18 faces carrées)

Sur quelle place se trouve le palais présidentiel ?

A. La place de Mai
B. La place de Septembre
C. La place d'Octobre

Réponse C (Oktyabrskaya)

À la mémoire des combattants de quelle guerre l'île des Larmes a-t-elle été ainsi nommée ?

A. La guerre en Afghanistan
B. La guerre de Crimée
C. La Seconde Guerre mondiale

Réponse A

MADRID

MADRID

Comment s'appelle le musée national de peinture de Madrid ?

Le Prado

Citez 3 films de Pedro Almodóvar qui se déroulent à Madrid.

Femmes au bord de la crise de nerfs, *Étreintes brisées*, *Julieta*, *La Fleur de mon secret*, *La Loi du désir*, *Tout sur ma mère*, *Madres paralelas*, *Parle avec elle*, *Talons aiguilles*…

Au carrefour d'Alcalá et de Gran Via, quel immeuble ne devez-vous pas rater, qui porte le même nom qu'un film de Fritz Lang ?

L'immeuble Metrópolis

LOMÉ

LOMÉ

Comment s'appelle le vent sec, venu du Sahara, qui souffle de décembre à mars ?

A. La bise
B. L'harmattan
C. La tramontane

Réponse B

La ville de Lomé est connue pour son marché :

A. aux poissons
B. de sculptures
C. de sorcellerie

Réponse C (il est appelé « marché des féticheurs » ou « marché aux têtes »)

Citez 3 des 4 principales exportations de la ville.

Café, cacao, coton, huile de palme

ADDIS-ABEBA

ADDIS-ABEBA

Dans quel pays êtes-vous si vous visitez Addis-Abeba ?

A. En Éthiopie
B. En Guinée
C. Au Soudan

Réponse A

Autour de quel monument religieux Addis-Abeba s'est-elle développée ?

A. La cathédrale Saint-Georges
B. La mosquée Al-Noor
C. Le temple de Mohamed

Réponse A

Que signifie le nom d'Addis-Abeba ?

A. « Charmeuse »
B. « La bien gardée »
C. « Nouvelle fleur »

Réponse C

PHNOM PENH

PHNOM PENH

Pourquoi la pagode d'Argent de Phnom Penh s'appelle-t-elle ainsi ?

A. À cause de sa fontaine où les touristes jettent des pièces de monnaie
B. Parce que son sol est constitué de 5 000 carreaux d'argent
C. Parce que ses murs sont recouverts de billets

Réponse B

Comment s'appelle la plaine dans laquelle se situe Phnom Penh ?

A. Quatre-Bras
B. Six-Pieds
C. Trois-Nez

Réponse A

Que signifient les noms « KM7 » et « KM9 » de 2 mosquées de Phnom Penh ?

Il s'agit du nombre de kilomètres entre la mosquée et le centre-ville.

RIO DE JANEIRO

RIO DE JANEIRO

Comment s'appelle la célèbre plage de Rio sur laquelle vous bronzez ?

A. Capoeira
B. Copacabana
C. Maracana

Réponse B

Comment s'appellent les habitants de Rio ?

Les Cariocas

Sur le sommet de quel mont pouvez-vous voir la statue du Christ Rédempteur ?

Le Corcovado

MARRAKECH

MARRAKECH

Quel jardin de Marrakech est un lieu touristique incontournable ?

A. Le jardin des Tuileries
B. Le jardin des Reines
C. Le jardin Majorelle

Réponse C

Comment s'appelle le festival international annuel d'humour créé par Jamel Debbouze en 2011 ?

Le Marrakech du rire

Comment se nomment les chaussons en forme de triangle, composés d'une feuille de brick et d'une garniture sucrée ou salée ?

Les briouates (ou briwates)

CORDOUE

CORDOUE

Quel philosophe n'est pas né à Cordoue ?

A. Averroès
B. Sénèque
C. Socrate

Réponse C

Quel monument ne pouvez-vous pas visiter en allant à Cordoue ?

A. La Mezquita
B. L'Alhambra
C. L'arc de Triomphe

Réponse B

Quel nom de métier provient de la ville de Cordoue ?

Cordonnier

SÉOUL

SÉOUL

Quel genre musical est né à Séoul dans les années 1990 ?

La K-pop

Qu'est-ce qu'un « jjimjilbang » ?

A. Un bain public équipé de saunas et jacuzzis
B. Une barque traditionnelle
C. Un salon de thé traditionnel

Réponse A

La place incontournable de Séoul, où vous pouvez voir la statue du roi Sejong le Grand, s'appelle :

A. Cheonggyecheon
B. Gwanghwamun
C. Gyeongbokgung

Réponse B (Cheonggyecheon est le nom de la rivière, Gyeongbokgung celui d'un palais)

ANVERS

ANVERS

Quel célèbre quartier commercial se trouve à Anvers ?

A. Le quartier des drapiers
B. Le quartier des horlogers
C. Le quartier des diamantaires

Réponse C

Quel portraitiste néerlandais, qui a peint *Les Trois Grâces*, avait sa demeure et son atelier à Anvers ?

Pierre Paul Rubens

Quel styliste belge est né à Anvers ?

A. Jan De Cock
B. Hedi Slimane
C. Dries Van Noten

Réponse C

SAINT-DOMINGUE

SAINT-DOMINGUE

De quel pays Saint-Domingue est-elle la capitale ?

- **A.** La Barbade
- **B.** La Jamaïque
- **C.** La République dominicaine

Réponse C

Quel navigateur a fondé Saint-Domingue ?

Christophe Colomb

Quel général anglais, ancien corsaire, prit ses quartiers dans la cathédrale Santa Maria la Menor après avoir mis à sac la ville en 1586 ?

Francis Drake

VANCOUVER

VANCOUVER

Quelle chanteuse a « *des souvenirs amers* » dans le port de Vancouver ?

A. Dalida
B. Sheila
C. Véronique Sanson

Réponse C

Qu'abrite la ville de Vancouver ?

A. Le plus grand musée d'art moderne du monde
B. L'un des plus grands parcs urbains du monde
C. Le plus grand nombre de gratte-ciel au monde

Réponse B

À Gastown, quartier historique de Vancouver, vous pouvez voir une horloge :

A. Astronomique
B. Atomique
C. À vapeur

Réponse C

BAGDAD

BAGDAD

Quel fleuve, qui a un nom de fauve, traverse la ville de Bagdad ?

Le Tigre

Que trouve-t-on dans le sanctuaire Al-Kadhimiya ?

A. Un mausolée
B. Un monument aux morts
C. Des vestiges de Babylone

Réponse A

Dans quelle région historique se trouvent Bagdad et l'Irak tout entière ?

La Mésopotamie

BUENOS AIRES

BUENOS AIRES

Quelle danse, qui est aussi un genre musical, est originaire du Rio de la Plata, où est située Buenos Aires ?

Le tango

Quel footballeur argentin, numéro 10, est né dans la banlieue de Buenos Aires ?

Diego Maradona

Comment s'appelle la célèbre place de la Révolution, où des mères d'enfants portés disparus durant la dictature venaient protester ?

La place de Mai

BRATISLAVA

BRATISLAVA

Quel fleuve traverse Bratislava ?

A. Le Danube
B. Le Rhin
C. La Volga

Réponse A

De quel pays Bratislava est-elle la capitale ?

La Slovaquie

Comment s'appelle la résidence du président slovaque ?

A. Le château de Devín
B. Le Hrad
C. Le palais Grassalkovitch

Réponse C

CRACOVIE

CRACOVIE

Film réalisé par Spielberg qui se déroule dans le quartier juif de Kazimierz, je suis…

La Liste de Schindler

Quel fleuve traverse Cracovie ?

La Vistule

Tertre qui porte le même nom qu'un mont australien, je suis…

Le tertre Kósciuszko

BELFAST

BELFAST

Quel bateau au tragique destin a été construit dans les chantiers navals de Belfast ?

Le Titanic

Comment appelle-t-on les barrières qui séparent les quartiers catholiques et protestants de Belfast ?

A. Les barrières des troubles
B. Les murs de la paix
C. Les barricades de la honte

Réponse B

Quel réalisateur a tourné en 2021 un film intitulé *Belfast* ?

A. Kenneth Branagh
B. Jim Sheridan
C. Tim Burton

Réponse A

OULAN-BATOR

OULAN-BATOR

Vrai ou faux ? Oulan-Bator est la capitale la plus froide du monde.

Vrai

De quel pays Oulan-Bator est-elle la capitale ?

La Mongolie

Comment s'appelle le chemin de fer qui traverse Oulan-Bator ?

Le Transsibérien

KIEV

KIEV

Comment s'appelle le fleuve qui traverse Kiev ?

- **A.** Le Danube
- **B.** La Neva
- **C.** Le Dniepr

Réponse C

Mosquée à Istanbul, cathédrale à Kiev. Je suis...

Sainte-Sophie

Comment s'appelle la résidence officielle du président ?

- **A.** Le manoir Kovalevski
- **B.** Le palais Mariinsky
- **C.** Le palais Klov

Réponse B

BRISBANE

BRISBANE

Pour quelle raison Brisbane est-elle parfois surnommée « Brisvegas » ?

En raison de ses casinos, comme à Las Vegas

De quel État Brisbane fait-elle partie ?

- **A.** L'Australie-Occidentale
- **B.** Le Queensland
- **C.** La Tasmanie

Réponse B

À 20 minutes de Brisbane se trouve un parc qui est, à ce jour, la plus grande réserve de :

- **A.** Kangourous
- **B.** Koalas
- **C.** Panthères noires

Réponse B

ABOU DHABI

ABOU DHABI

Musée créé par l'architecte Jean Nouvel, je dépends d'un musée parisien. Je suis...

Le musée du Louvre Abou Dhabi

Al majboos est un plat de viande bouillie dans lequel on ajoute des épices et :

A. Des citrons verts séchés
B. Des cuisses de grenouilles
C. Des dattes confites

Réponse A

Dans l'Emirates Palace d'Abou Dhabi, hôtel de luxe 7 étoiles, les milliardaires disposent d'un distributeur automatique. Que peuvent-ils y acheter ?

Des mini-lingots d'or

BOLOGNE

BOLOGNE

Comment se nomment les habitants de Bologne ?

A. Les Bolognais
B. Les Bolognons
C. Les Bolonais

Réponse C

Vrai ou faux ? La place principale de Bologne est la piazza Santa Croce.

Faux (elle se trouve à Florence)

Quelle particularité les 2 tours médiévales, symboles de Bologne, partagent-elles avec un autre monument italien ?

Elles sont fortement penchées.

OSAKA

OSAKA

Vrai ou faux ? Osaka se trouve dans une baie.

Vrai

Laquelle de ces informations sur le château d'Osaka est fausse ?

A. Les douves sont remplies d'eau.
B. Il y a 8 étages.
C. Miyazaki s'en est inspiré pour son film *Le Château dans le ciel.*

Réponse C

Sur quelle île se situe Osaka ?

Honshū

MILAN

MILAN

Mimez le nom de la ville.
Si le joueur interrogé trouve,
vous gagnez 50 kilomètres Routard.

Quel tableau de Léonard de Vinci
peut-on voir dans l'église Santa
Maria delle Grazie ?

La Cène

Quelle famille a régné sur Milan,
dont on peut encore voir
le château ?

Les Sforza

SARAGOSSE

SARAGOSSE

Quel est le nom de ce peintre saragossan né en 1746, connu pour ses peintures sur les guerres napoléoniennes ?

A. Diego Vélasquez
B. Francisco de Goya
C. Le Greco

Réponse B

Le nom de la basilique emblématique de Saragosse est :

A. Notre-Dame-de-l'Incarnation
B. Notre-Dame-du-Pilier
C. Notre-Dame-du-Siège

Réponse B (la vierge serait apparue
à l'apôtre Jacques le Majeur
sur une colonne)

Qu'est-ce que l'Aljaferia ?

A. Une cathédrale romane
B. Une mosquée des Omeyyades
C. Un palais fortifié

Réponse C

DIJON

DIJON

Laquelle de ces spécialités n'est pas dijonnaise ?

A. La moutarde
B. Le cannelé
C. Les œufs en meurette

Réponse B (c'est une spécialité bordelaise)

Comment s'appelle l'horloge située au sommet de l'église Notre-Dame de Dijon dont les personnages frappent les heures ?

A. L'Échauguette
B. La Gnomon
C. Le Jacquemart

Réponse C

Où vous trouvez-vous si vous êtes à la Toison d'Or ?

A. Dans un centre commercial
B. Dans le plus vieux cinéma de Dijon
C. Dans le plus vieux restaurant de Dijon

Réponse A

BRAZZAVILLE

BRAZZAVILLE

Si vous savez dans quel pays se trouve Brazzaville, vous n'aurez aucun mal à dire sur la rive de quel fleuve elle est située.

Le Congo

Vrai ou faux ? Léopoldville est l'ancien nom colonial de Brazzaville.

Faux (c'était celui de Kinshasa)

Près de Brazzaville, quelles chutes pouvez-vous aller voir, dont le nom est un hommage à un explorateur ?

Les chutes Livingstone

LIMA

LIMA

Qui a fondé Lima en janvier 1535 ?

A. Hernan Cortès
B. Vasco de Gama
C. Francesco Pizarro

Réponse C

Comment se nomment les habitants de Lima ?

A. Les Limasols
B. Les Liméniens
C. Les Liminanas

Réponse B

Que visitez-vous en allant à Huaca Pucllana ?

A. Un cimetière
B. Un palais
C. Une pyramide

Réponse C

MUMBAI (BOMBAY)

MUMBAI (BOMBAY)

Quel nom est donné à l'industrie du cinéma musical indien basée à Mumbai ?

Bollywood

Quel moyen de locomotion, vestige de la colonisation anglaise, est encore utilisé en 2023 à Mumbai ?

Les bus à impériale
(ils devraient disparaître en 2024)

Quel écrivain britannique, né en 1865 au sud de Bombay, s'est fait connaître notamment grâce à une panthère, un ours, un tigre et un serpent ?

Rudyard Kipling

MOSCOU

MOSCOU

Comment appelle-t-on les habitants de Moscou ?

Les Moscovites

À qui est dédié le mausolée sur la place Rouge ?

A. Le tsar Nicolas II
B. Lénine
C. La Grande Catherine

Réponse B

Comment s'appelle le prestigieux théâtre dans lequel sont joués des opéras et des ballets ?

Le Bolchoï

LUXEMBOURG

LUXEMBOURG

Vrai ou faux ? La ville de Luxembourg est le siège du Parlement européen.

Faux (le Parlement est à Strasbourg)

Que désigne le Bock ?

A. La fortification rocheuse de la ville
B. La manufacture Villeroy & Boch
C. La Philharmonie luxembourgeoise

Réponse A (le rocher du Bock)

Comment s'appelle le palais où réside le chef de l'État du grand-duché du Luxembourg ?

Le palais grand-ducal

LIVERPOOL

LIVERPOOL

Comment s'appelle le bus qui vous emmène faire une visite dédiée aux Beatles ?

Le Magical Mystery Tour

Comment s'appelle le fleuve qui borde Liverpool ?

La Mersey

Comment s'appelle l'ensemble de bâtiments situés en bord de rivière, qui est inscrit au patrimoine mondial de l'UNESCO ?

A. Metquarter
B. Penny Lane
C. Pier Head

Réponse C

MARSEILLE

MARSEILLE

Qu'est-ce que la « Canebière » ?

A. Une avenue commerçante
B. Le Centre dramatique national
C. Le Vieux-Port

Réponse A

Quel est le nom de la basilique marseillaise ?

Notre-Dame-de-la-Garde
ou la Bonne Mère

Quel est le nom grec de Marseille sous l'Antiquité ?

Massalia ou Massilia

CADIX

CADIX

Chantez la 1re phrase de la chanson *La Belle de Cadix*, qui a fait le succès de Luis Mariano et de la ville.

« La Belle de Cadix a des yeux de velours. »

Quel est le nom des habitants de Cadix ?

A. Les Cadixois
B. Les Gaditans
C. Les Cardigans

Réponse B

Sur quoi est bâtie la ville de Cadix ?

A. Une ancienne forteresse
B. Un cimetière de bateaux
C. Un roc

Réponse C

BORDEAUX

BORDEAUX

Quelle spécialité pâtissière mangerez-vous à Bordeaux ?

A. Le baba au rhum
B. Le cannelé
C. Le macaron

Réponse B

Quel écrivain français a été maire de Bordeaux de 1581 à 1585 ?

Montaigne

Comment s'appelle la place bordelaise qui est la plus grande de France ?

La place des Quinconces

TURIN

TURIN

Quel acteur, connu pour sa démarche, est né à Turin ?

A. Aldo Maccione
B. Charlie Chaplin
C. Jacques Tati

Réponse A

À quel art le musée national de la Mole Antonelliana est-il consacré ?

A. À l'opéra
B. À Picasso
C. Au cinéma

Réponse C

Lequel de ces monuments ne pouvez-vous pas visiter à Turin ?

A. Basilica di Superga
B. Palazzo Madama
C. Palazzo Re Enzo

Réponse C (il se trouve à Bologne)

NANTES

NANTES

Dans quelle tour êtes-vous si vous prenez un verre au bar *Le Nid* ?

A. La tour de Babel
B. La tour de Bretagne
C. La tour Part-Dieu

Réponse B

Comment s'appelait la duchesse nantaise devenue reine de France ?

Anne de Bretagne

Quel artiste plasticien français, fan de colonnes, a créé les anneaux olympiques qui font face au Hangar à bananes ?

Daniel Buren

SYDNEY

SYDNEY

Qu'abrite le célèbre monument de Sydney en forme de coquillages ?

A. Un opéra
B. Le Parlement australien
C. Un centre commercial

Réponse A (*Opera House*)

Baie de Sydney dont le nom plairait à Sherlock Holmes, je suis…

Watsons Bay

À quoi servait Sydney lorsqu'elle fut construite en 1788 par les colons britanniques ?

De colonie pénitentiaire

STOCKHOLM

STOCKHOLM

Lequel de ces chanteurs n'est pas né à Stockholm ?

A. Avicii
B. Harry Styles
C. Neneh Cherry

Réponse B

Que signifie le nom de Stockholm ?

A. « L'île des épouvantails »
B. « L'île des esclaves »
C. « L'île des rondins »

Réponse C

Où allez-vous si vous emmenez vos enfants à Gröna Lund ?

Dans un parc d'attractions, le plus vieux de Suède

CALCUTTA

CALCUTTA

Religieuse ayant consacré ma vie aux pauvres de Calcutta, je suis...

Mère Teresa

Quelle spécialité est le chai ?

A. Une glace à la pistache
B. Un thé sucré à base de lait et d'épices
C. Un curry de poissons

Réponse B

Comment s'intitule le livre de Dominique Lapierre qui se déroule dans les bidonvilles de Calcutta ?

La Cité de la Joie

TANGER

TANGER

En référence à quel héros mythologique, adepte de travaux, les grottes de Tanger sont-elles nommées ?

A. Achille
B. Énée
C. Hercule

Réponse C (il y aurait fait une halte avant de reprendre les pommes d'or aux Hespérides)

Quel peintre français séjourna à Tanger en 1832 et y peignit de magnifiques aquarelles ?

A. Gustave Courbet
B. Eugène Delacroix
C. Henri Matisse

Réponse B

Quel écrivain américain a rédigé à Tanger son roman *Le Festin nu* entre 1954 et 1957 ?

William S. Burroughs

RIGA

RIGA

De quel pays Riga est-elle la capitale ?

La Lettonie

Qu'est-ce que le baume noir de Riga ?

A. Une crème composée de charbon actif
B. Une boisson à base de vodka et de plantes
C. L'île où a été bâtie la ville

Réponse B

Un quartier de Riga a le plus grand nombre de bâtiments de style...

A. Art déco
B. Art nouveau
C. Néogothique

Réponse B

DAMAS

DAMAS

En quelle matière est l'étoffe appelée « damas » ?

A. Lin
B. Soie
C. Chanvre

Réponse B

Quel peuple est à l'origine de la construction de la Grande Mosquée ?

A. Les Ottomans
B. Les Omeyyades
C. Les Perses

Réponse B

Que désigne la Ghouta, qui entoure Damas ?

Une oasis

PERPIGNAN

PERPIGNAN

Dans quel département est située la ville de Perpignan ?

A. L'Ariège
B. Les Hautes-Pyrénées
C. Les Pyrénées-Orientales

Réponse C

Quel peintre espagnol a déclaré que la gare de Perpignan était le centre du monde ?

Salvador Dalí

Comment s'appelle le monument de style mauresque qui fut une prison et une porte de la ville ?

Le Castillet (*Castellet* en catalan)

BUDAPEST

BUDAPEST

Sur quel fleuve, qui coupe la ville en deux, pouvez-vous faire une balade à Budapest ?

A. Le Danube
B. Le Rhin
C. La Volga

Réponse A

Comment s'appelle cette soupe, à base de bœuf gris de Hongrie et de paprika, que vous pouvez déguster à l'Onyx Restaurant ?

Le goulash

De quel palais européen l'architecte s'est-il inspiré pour construire le Parlement ?

Westminster

NANCY

NANCY

Quelle spécialité déguste-t-on à Nancy ?

A. La bergamote
B. La bêtise
C. Le nougat

Réponse A

Lors d'un séjour à Nancy, sur quelle place devez-vous absolument déambuler ?

La place Stanislas

De quel État monarchique Nancy a-t-elle été la capitale jusqu'en 1766 ?

Le duché de Lorraine

VALENCE

VALENCE

Quelle spécialité culinaire espagnole est née à Valence ?

La paëlla

Quelle relique est conservée à la cathédrale Sainte-Marie de Valence ?

A. Les sandales du Christ
B. Le Saint Calice
C. La couronne d'épines du Christ

Réponse B

Quel est le nom de la bourse de commerce installée à Valence depuis le XVe siècle ?

A. La bourse aux Épices
B. La loge de la Soie
C. Le palais de l'Or

Réponse B

INNSBRUCK

INNSBRUCK

Que peut-on voir au musée d'Art populaire tyrolien ?

A. Des cloches de vaches
B. Des crèches de Noël
C. Des croûtes de fromage

Réponse B

La façade la plus photographiée d'Innsbruck a une petite loggia dont le toit est recouvert de plaques de cuivre doré, qui s'appelle fort logiquement...

Le Petit Toit d'or

Comment sont surnommées les statues de bronze de la haie d'honneur du mausolée de Maximilien Ier ?

A. Les bonshommes noirs
B. Les gardes rouges
C. Les soldats roses

Réponse A

ATHÈNES

ATHÈNES

Quel est le plus grand temple que vous pouvez visiter à Athènes ?

A. Le Panthéon
B. Le Pantone
C. Le Parthénon

Réponse C

Quel nom donnaient les Grecs au centre de la ville où se rassemblaient population et administration ?

L'agora

Comment s'appelle le port d'Athènes qui vous permet d'aller visiter les îles environnantes ?

Le Pirée

VENISE

VENISE

Comment s'appelle la place où se trouve le palais des Doges ?

La place Saint-Marc

Quel pont relie d'anciennes prisons au palais des Doges ?

Le pont des Soupirs

Quel opéra vénitien a été détruit par les flammes en 1836 et 1996 ?

La Fenice

ALEP

ALEP

Vrai ou faux ? Alep est la capitale de la Syrie.

Faux (Damas)

Quelle spécialité à base d'huile d'olive est la spécialité d'Alep ?

Le savon

Que pouvez-vous admirer à Alep ?

A. Une basilique
B. Une citadelle
C. Une nécropole

Réponse B

LOS ANGELES

LOS ANGELES

Dans quel quartier de Los Angeles se trouvent les studios de cinéma ?

Hollywood

Comment s'appelle le bord de mer où vous pouvez croiser des artistes de rues et des skaters ?

Venice Beach

Citez 3 quartiers de Los Angeles.

Chinatown, Beverly Hills, Hollywood, Bel air, Venice...

SOFIA

SOFIA

Quelle basilique, homonyme d'un monument turc, pouvez-vous visiter à Sofia ?

La basilique Sainte-Sophie

Quel saint, qui récompense traditionnellement les enfants, donna son nom à l'église russe de Sofia ?

Saint Nicolas

Si vous habitez Sofia, vous êtes un ou une...

A. Sofiane
B. Sofiote
C. Sophiste

Réponse B

LOUXOR

LOUXOR

Quel monument de Louxor, offert à la France en 1831, est visible à Paris ?

L'obélisque de la place de la Concorde

Comment s'appelle la vallée à proximité de Louxor ?

La vallée des Rois

Combien y a-t-il de colosses de Memnon, qui sont des statues monumentales ?

Deux

LONDRES

LONDRES

Quel fleuve traverse la ville de Londres ?

La Tamise

Sur quelle place pouvez-vous admirer la colonne de Nelson ?

Trafalgar Square

À quel monument est rattachée la tour horloge appelée *Big Ben* ?

Le palais de Westminster

PALMA

PALMA

Sur quelle île des Baléares se trouve la ville de Palma ?

Majorque

Quel peintre et sculpteur né à Barcelone a vécu et est mort à Palma de Majorque ?

Joan Miró

Comment s'appelle la résidence du roi d'Espagne à Palma de Majorque ?

A. L'Alhambra
B. Le palais royal de l'Almudaina
C. Le palais de la Zarzuela

Réponse B

CANTON

CANTON

Réalisateur cantonais, on me doit les films *Le Syndicat du crime*, *Broken Arrow*, *Volte-Face* et *Mission impossible 2*. Je suis...

John Woo

Quel monument de Canton porte le même nom qu'un monument parisien du 18e arrondissement ?

La cathédrale du Sacré-Cœur

Quel est le nom de la rivière qui coule notamment à Canton, également connu sous le nom de Yue Jiang ?

A. La rivière Pourpre
B. La rivière du Mékong
C. La rivière des Perles

Réponse C

KINSHASA

KINSHASA

De quelle couleur est le palais de Marbre de Kinshasa qui est la résidence présidentielle ?

Blanc

Comment s'appelait la ville avant 1966 ?

A. Kariega
B. Léopoldville
C. Port-Élisabeth

Réponse B

Quelle affirmation est vraie ?

A. Kinshasa est la plus grande agglomération francophone du monde.
B. Kinshasa est l'agglomération la plus peuplée d'Afrique.
C. Les habitants de Kinshasa s'appellent les Kinshasis.

Réponse A

SHANGHAI

SHANGHAI

Comment s'appelle l'album de Tintin qui se déroule à Shanghai ?

A. *Le Lotus bleu*
B. *L'Oreille cassée*
C. *Le Crabe aux pinces d'or*

Réponse A

Quel surnom a été donné au Centre mondial des finances de Shanghai à cause de la forme de son bâtiment ?

A. Le décapsuleur
B. Le panier
C. Le radiateur

Réponse A

Quel TGV, dont le nom complet est *magnetic levitation*, pouvez-vous prendre pour rejoindre l'aéroport de Pudong depuis Shanghai ?

Le Maglev

ALGER

ALGER

Comment appelle-t-on la vieille ville d'Alger ?

A. La médina
B. Le souk
C. La Casbah

Réponse C

Quelle mer borde Alger ?

La mer Méditerranée

Quartier d'Alger dont le nom est rentré dans le dictionnaire pour désigner un lieu lointain, je suis...

Bab El-Oued

SAINT-PÉTERSBOURG

SAINT-PÉTERSBOURG

Quel écrivain, auteur de *Crime et Châtiment*, est mort à Saint-Pétersbourg ?

A. Fiodor Dostoïevski
B. Vladimir Nabokov
C. Léon Tolstoï

Réponse A

Lors de son séjour à Saint-Pétersbourg, quel célèbre musée ne faut-il pas manquer de visiter ?

Le musée de l'Ermitage

Comment s'est appelée la ville de Saint-Pétersbourg de 1914 à 1924 ?

Pétrograd

GLASGOW

GLASGOW

Comment s'appelle le groupe de musique fondé par les frères Knopfler, qui sont originaires de Glasgow ?

A. Dire Straits
B. Oasis
C. Texas

Réponse A

Du fait de la couleur des wagons, mon métro est surnommé comme un roman d'Anthony Burgess. Quel est ce surnom ?

Orange mécanique

Quel architecte né à Glasgow, au style très reconnaissable, a conçu le bâtiment de son école d'art ?

Charles Rennie Mackintosh

SARAJEVO

SARAJEVO

Né à Sarajevo en 1954, j'ai reçu deux Palmes d'or à Cannes. Je suis...

A. Andréi Tarkovski
B. Emir Kusturica
C. Sergueï Eisenstein

Réponse B

Quel événement sportif mondial eut lieu, en 1984, dans la capitale de la Bosnie-Herzégovine ?

Les jeux Olympiques d'hiver

Comment s'appelle la fontaine emblématique au cœur du vieux centre de Sarajevo ?

A. Brusa Bezistan
B. Sebilj
C. Seher Cehaja

Réponse B

PERTH

PERTH

L'édifice le plus haut de Perth porte le nom d'un parc new-yorkais. Lequel ?

Central Park

De quelle ville Perth est-elle la plus proche, soit à environ 2 100 km de distance ?

A. Adélaïde
B. Canberra
C. Sydney

Réponse A

Quelle est la particularité des bâtiments de Fremantle, située à 19 km de Perth ?

Ils ont été construits par des bagnards.

PANAMA

PANAMA

À l'entrée de quelle construction importante est située la ville de Panama ?

Le canal de Panama

Vrai ou faux ? Le chapeau fait de fibres végétales doit son nom à la ville de Panama où il a été inventé.

Faux (il est originaire d'Équateur)

Écrivain mexicain né à Panama, j'ai été ambassadeur en France. Je suis...

A. Carlos Fuentes
B. Gabriel García Márquez
C. Luis Sepúlveda

Réponse A

KATMANDOU

KATMANDOU

Par qui la ville de Katmandou a-t-elle été popularisée en Occident ?

A. Les beatniks
B. Les hippies
C. Les punks

Réponse B

De quel pays Katmandou est-elle la capitale ?

Le Népal

Qu'est-ce qu'un stupa, comme ceux de Bodnath et Swayambhunath ?

Un monument qui représente Bouddha et lui rend hommage.

CORINTHE

CORINTHE

Quel fruit tire son nom de cette ville ?

Les raisins secs de Corinthe

Sur quelle péninsule se trouve la ville de Corinthe ?

Le Péloponnèse

Quel personnage mythologique, dont le nom est associé à un mythe, est considéré comme le fondateur de Corinthe ?

Sisyphe

CHICAGO

CHICAGO

Quel est le nom de l'emblématique équipe de basket-ball de Chicago ?

A. Les Bulls
B. Les Knicks
C. Les Lakers

Réponse A

De quel genre musical Chicago est-elle le berceau ?

La house music

Quel est le surnom du métro aérien de Chicago ?

The L ou The El (pour *elevated*, « aérien »)

STRASBOURG

STRASBOURG

Quel marché très couru a lieu chaque année à Strasbourg depuis 1570 ?

Le marché de Noël

À quel architecte doit-on le barrage du même nom, aussi appelé « Grande Écluse de fortification » ?

Vauban

Comment s'appelle le quartier de Strasbourg qui est classé au patrimoine mondial de l'UNESCO ?

A. Petite Allemagne
B. Petite France
C. Petite Strasbourg

Réponse B

VARSOVIE

VARSOVIE

Comment s'appelle le traité d'amitié, de coopération et d'assistance mutuelle signé à Varsovie en 1955 ?

Le pacte de Varsovie

Parmi ces personnalités, laquelle n'est pas née à Varsovie ?

A. Marie Curie
B. Nicolas Copernic
C. Haroun Tazieff

Réponse B

Quel compositeur et pianiste polonais a un musée qui lui est dédié à Varsovie ?

Frédéric Chopin

ÉDIMBOURG

ÉDIMBOURG

Quel monument emblématique d'Édimbourg, qui s'élève sur un volcan vieux de 700 millions d'années, pouvez-vous visiter ?

A. Un château
B. Un hôtel
C. Le stade de rugby

Réponse A

De qui le palais de Holyrood est-il la résidence ?

La famille royale

Quel écrivain, natif d'Édimbourg, est célébré à travers la statue de son détective ?

Sir Arthur Conan Doyle
(créateur de Sherlock Holmes)

MONASTIR

MONASTIR

De quel mot français, issu du latin, proviendrait le nom de Monastir ?

Monastère (toutefois, son origine reste débattue)

Quel monument, formé par une galerie d'arcs et surmonté d'une coupole, construit en hommage à des Tunisiens, pouvez-vous voir rue de Tunis ?

La tombe du soldat inconnu

Quel 1er président de la République tunisienne et 1er maire de Monastir a fait construire, de son vivant, un mausolée que vous pouvez visiter ?

Habib Bourguiba

BRUGES

BRUGES

Parmi ces musées, lequel n'existe pas à Bruges en 2023 ?

A. Le musée de la Frite
B. Le musée de la Brasserie
C. Le musée de la Chapellerie

Réponse C

Comment s'appelle le thriller tourné à Bruges en 2008 avec Colin Farrell ?

Bons Baisers de Bruges

Qu'est-ce que le *Minnewater* à Bruges ?

Le lac d'Amour (il a été aménagé au sud du centre historique)

LYON

LYON

Que désigne un « bouchon » à Lyon ?

A. Une accumulation d'ennuis
B. Une personne malentendante
C. Un restaurant servant des spécialités lyonnaises

Réponse C

De quoi la maison des Canuts raconte-t-elle l'histoire ?

A. L'art de la broderie
B. La fabrication de la laine
C. Le travail de la soie

Réponse C

Comment se nomme l'emblématique basilique qui vous offre une vue imprenable sur Lyon ?

La basilique Notre-Dame de Fourvière

SÉVILLE

SÉVILLE

Comment s'appelle le fleuve qui traverse Séville ?

- **A.** Le Guadalimar
- **B.** Le Guadalope
- **C.** Le Guadalquivir

Réponse C

Quel peintre baroque, natif de Séville, est connu notamment pour *Les Fileuses* et *Les Ménines* ?

Diego Vélasquez

Quel navigateur partit de Séville le 10 août 1519 pour effectuer son tour du monde ?

Fernand de Magellan

CHARLEROI

CHARLEROI

Quel est le nom des habitants de Charleroi ?

- **A.** Les Carolingiens
- **B.** Les Carolorégiens
- **C.** Les Charlots

Réponse B

Quelles créatures incontournables du folklore local sont créées pour participer aux carnavals et fêtes de Wallonie dans le centre-ville de Charleroi ?

Les Géants de Charleroi

Quelle rivière traverse Charleroi et accueille, en août, un festival de musique sur une scène flottante ?

La Sambre (le festival s'appelle *Scène sur Sambre*)

SAN FRANCISCO

SAN FRANCISCO

Pont de San Francisco qui fait partie des 7 merveilles du monde moderne, je suis le...

Golden Gate Bridge

Quelle prison est située dans la baie de San Francisco ?

Alcatraz

Héros d'une saga cinématographique culte, j'ai donné mon nom à une fontaine située au Presidio. Je suis...

Yoda (Jedi de *Star Wars*)

FRANCFORT

FRANCFORT

Quelle spécialité culinaire francfortoise dégustez-vous si vous avez commandé une *Frankfurter Würstchen* ?

A. Une choucroute
B. Une saucisse de Francfort
C. Une tarte flambée

Réponse B

Quel imprimeur allemand de la 1re Bible a un monument à son nom sur le Roßmarkt ?

Johannes Gutenberg

À quel écrivain allemand Francfort a-t-il dédié un musée ?

Goethe

MONACO

MONACO

Quel est le patronyme de la famille princière ?

A. Garibaldi
B. Gribaudi
C. Grimaldi

Réponse C

Dans quel sport le prince Albert II a-t-il participé lors de 5 olympiades ?

Le bobsleigh

Comment s'appelle le casino de Monte-Carlo de style Belle Époque ?

Le casino de Monte-Carlo

LE CAIRE

LE CAIRE

Comment s'appelle l'herbe aromatique connue sous le nom de « persil arabe » ?

A. Le basilic
B. La coriandre
C. L'estragon

Réponse B

Citez 2 grandes pyramides du Caire.

Khéops, Khephren, Mykérinos

Comment se nomme la grande place du Caire qui est devenue l'emblème de la révolution égyptienne ?

La place Tahrir

CAYENNE

CAYENNE

Si celui de Saint-Laurent-du-Maroni est le plus important, celui fondé en 1852 par Louis-Napoléon Bonaparte est le plus connu. Quel est son nom ?

Le bagne de Cayenne

Que célèbre le monument des Chaînes brisées ?

L'abolition de l'esclavage en Guyane

Parmi ces personnalités, laquelle n'est pas née à Cayenne ?

A. Henri Salvador
B. Christiane Taubira
C. Nicolas Anelka

Réponse C

ROME

ROME

Quel monument romain a été immortalisé dans le film *La Dolce Vita*, de Fellini ?

A. La basilique Saint-Pierre
B. Le Colisée
C. La fontaine de Trevi

Réponse C

Quel peintre a décoré la chapelle Sixtine ?

Michel-Ange

Je suis l'une des 7 collines de Rome et son centre religieux avec le temple de Jupiter. Je suis...

Le Capitole

CARACAS

CARACAS

Quel général et homme d'État caracassien a donné son nom à la monnaie vénézuélienne ?

A. Andrés Bello
B. Simón Bolívar
C. Simón Diaz

Réponse B

Quel explorateur découvrit le Vénézuela en 1498 ?

Christophe Colomb

Sous quel nom Caracas fut-elle fondée en 1567 ?

A. San Diego de Losada
B. San Sebastien de Miranda
C. Santiago de León

Réponse C

ISLAMABAD

ISLAMABAD

Que signifie le nom d'Islamabad ?

A. « Fille de l'Islam »
B. « Marié à l'Islam »
C. « Ville de l'Islam »

Réponse C

Vrai ou faux ? La construction d'Islamabad a débuté au XVIIe siècle.

Faux (en 1961)

Pourquoi la mosquée Faisal porte-t-elle le nom du roi d'Arabie saoudite Fayçal ben Abdelaziz Al Saoud ?

Parce qu'il a largement contribué financièrement à sa construction

PHOENIX

PHOENIX

Qu'est-ce que Castles N' Coasters ?

A. Un centre commercial
B. La gare routière
C. Un parc d'attractions

Réponse C

Dans quelle banlieue de Phoenix, qui porte le prénom du chanteur surnommé « Monsieur 100 000 volts », vous sentirez-vous au Far West ?

Gilbert (comme le chanteur
Gilbert Bécaud)

Au nord-est de quel désert Phoenix se trouve-t-elle ?

A. Le désert de Sonora
B. Le désert de Chihuahua
C. Le désert de Mojave

Réponse A

BILBAO

BILBAO

Bilbao est une ville :

A. De Catalogne
B. De Galice
C. Du Pays basque

Réponse C

Qu'est-ce que l'*Aste Nagusia* ?

A. Le centre historique de la ville
B. Une fête annuelle
C. La rivière qui traverse la ville

Réponse B

À quel architecte doit-on la réalisation du musée Guggenheim de Bilbao ?

Frank Gehry

OXFORD

OXFORD

De quelle ville le pont des Soupirs d'Oxford est-il une réplique ?

Venise

Réputée mondialement, je suis la plus ancienne du monde anglo-saxon. Je suis...

L'université d'Oxford

Quel peuple français a construit le château d'Oxford en 1071 ?

Les Normands

BRASILIA

BRASILIA

Qui est Oscar Niemeyer ?

A. Le 1er maire de Brasilia
B. Un des architectes de la ville
C. Le président brésilien qui lança la construction de la ville

Réponse B (avec Lúcio Costa)

Quelle est la particularité des vitraux du sanctuaire Dom Bosco ?

A. Ils sont faits avec 7 500 morceaux de verre de Murano
B. Ils racontent l'histoire de la construction de la ville
C. Ce sanctuaire n'a aucun vitrail

Réponse A

Le monument créé par Oscar Niemeyer, dont la structure fait penser à des doigts pointés vers le ciel, est :

A. Une cathédrale
B. Le Parlement
C. Le quartier général de l'armée de l'air

Réponse A

SANTORIN

SANTORIN

De quelle couleur est le sable de la plupart des plages de l'île volcanique de Santorin ?

A. Bleu
B. Noir
C. Rouge

Réponse B

Dans quel archipel grec se trouve l'île de Santorin ?

Les Cyclades

Quel est le surnom du site archéologique d'Akrotiri où vous pouvez admirer les vestiges d'une ville ensevelie ?

Le Pompéi grec

RIYAD

RIYAD

De quel pays Riyad est-elle la capitale ?

L'Arabie saoudite

En quoi a été fait le fort Masmak ?

A. En argile et en terre crue
B. En bois
C. En marbre

Réponse A

Quel célèbre architecte britannique a conçu la tour Al Faisaliah ?

A. Frank Lloyd Wright
B. Norman Foster
C. Alvar Aalto

Réponse B

SALZBOURG

SALZBOURG

Quel compositeur de musique classique, né à Salzbourg en 1756, a donné son surnom à la ville ?

Wolfgang Amadeus Mozart (Salzbourg est surnommée « la ville de Mozart »)

Quelle production locale a donné son nom à la ville de Salzbourg ?

Les salines (« la ville du sel »)

Quel type de transport pittoresque pouvez-vous emprunter dans la vieille ville ?

Des fiacres

BÉZIERS

BÉZIERS

Quel canal traverse Béziers ?

Le canal du Midi

De quand datent les arènes de Béziers ?

A. Ier siècle
B. 1643
C. 1897

Réponse C

Elles se nomment Fonseranes, il y en a 9, et il faut grimper pour toutes les voir. De quoi s'agit-il ?

Des écluses

HONOLULU

HONOLULU

Comment s'appelle la célèbre plage de surf d'Honolulu ?

A. Mentawai
B. Waikiki
C. Teahupoo

Réponse B

Quel président américain est natif d'Honolulu ?

Barack Obama

Comment s'appelle la base navale située à l'ouest d'Honolulu ?

Pearl Harbor

LIÈGE

LIÈGE

Quelle langue parle-t-on à Liège ?

Le français

Vrai ou faux ? C'est à Liège que la 1re manufacture de bouchons a été créée.

Faux (le liège tient son nom de l'écorce du chêne-liège dont il est tiré)

Quelle est la pâtisserie emblématique de Liège ?

La gaufre

REYKJAVIK

REYKJAVIK

Qu'est-ce que le Vatnajökull ?

A. Une église
B. Un fjord
C. Un glacier

Réponse C

Quel championnat du monde, qualifié de « match du siècle », a été organisé à Reykjavik en 1972 ?

Le championnat du monde d'échecs (Bobby Fischer contre Boris Spassky)

Comment s'appelle la station thermale proche de Reykjavik dont les algues donnent sa couleur à l'eau et son surnom au lieu ?

Le Lagon bleu

COLOGNE

COLOGNE

De quel land la ville de Cologne fait-elle partie ?

A. La Saxe
B. La Rhénanie-du-Nord-Westphalie
C. La Bavière

Réponse B

Quel est certainement le musée préféré des enfants gourmands à Cologne ?

Le musée du Chocolat

Vrai ou faux ? Cologne a été un département français au XVIIIe siècle.

Vrai

SALVADOR DE BAHIA

SALVADOR DE BAHIA

Quel héros de bande dessinée a vécu plusieurs aventures à Salvador de Bahia, réunies dans *Sous le signe du Capricorne* ?

Corto Maltese (dessiné par Hugo Pratt)

Quel art martial, mélange de danse et de combat, est pratiqué à Salvador de Bahia ?

La capoeira

Avec quelle monnaie locale devez-vous payer durant votre séjour à Salvador de Bahia ?

- **A.** Le nuevo
- **B.** Le peso
- **C.** Le real

Réponse C

WASHINGTON

WASHINGTON

Citez au moins 2 institutions basées à Washington.

La Maison-Blanche, le Congrès, la Cour suprême, la réserve fédérale…

Chef-d'œuvre du XVIIIe siècle basé sur une colline, je suis l'enceinte du pouvoir législatif américain. Je suis…

Le Capitole

À quel président est consacré le mémorial sur les marches duquel Martin Luther King a prononcé son célèbre discours, le 28 août 1963 ?

Abraham Lincoln

PÉKIN

Quel est l'autre nom de Pékin ?

A. Beijing
B. Bekong
C. Bening

Réponse A

Quel monument, ancienne résidence de l'empereur, fut le centre politique de la Chine ?

La Cité interdite

Au cœur de Pékin, où devez-vous vous rendre au lever du soleil pour assister au lever du drapeau ?

Place Tian'anmen

PÉKIN

ROTTERDAM

ROTTERDAM

Citez 2 peintres néerlandais dont vous pouvez admirer les œuvres au musée Boijmans Van Beuningen de Rotterdam.

Rubens, Rembrandt, Bosch, Van Dongen...

Vous pouvez admirer dans Rotterdam des maisons...

A. cubiques
B. sphériques
C. hexagonales

Réponse A

À quel philosophe rotterdamois est dédié le pont qui relie la rive nord et la rive est de Rotterdam ?

Érasme

LA PAZ

LA PAZ

Vrai ou faux ? La Paz est la capitale la plus haute du monde.

Vrai (3 640 m)

Quel réseau de transport comporte 11 lignes à La Paz ?

Des téléphériques

Comment s'appellent ces gorges composées de stalagmites géantes qui se trouvent à 10 km de La Paz ?

A. Le canyon de l'Ange
B. Les cheminées de fées
C. La vallée de la Lune

Réponse C

KHARTOUM

De quel pays Khartoum est-elle la capitale ?

A. L'Angola
B. L'Éthiopie
C. Le Soudan

Réponse C

Au confluent des bras bleu et blanc de quel fleuve la ville de Khartoum est-elle située ?

Le Nil (Nil Bleu depuis l'Éthiopie et Nil Blanc depuis le Soudan du Sud)

Quel animal en particulier pouvez-vous acheter au marché d'Omdurman ?

Un chameau

KHARTOUM

HOUSTON

Si je vous dis : « *Houston, on a un problème* », quel lieu de la ville cela vous évoque-t-il ?

Le centre spatial de la NASA

Mon 1er est un bison en anglais, mon 2nd est une région marécageuse de Louisiane et mon tout est un parc. Je suis...

Le parc Buffalo Bayou

Quelle est la principale industrie de Houston ?

A. Le pétrole
B. L'automobile
C. Le maïs

Réponse A

HOUSTON

TEL AVIV

Quel est le nom complet de la ville, du fait de sa fusion avec une ville portuaire ?

- **A.** Tel Aviv-Eilat
- **B.** Tel Aviv-Jaffa
- **C.** Tel Aviv-Nazareth

Réponse B

De quel sport collectif le Maccabi Tel Aviv est-il le club le plus titré d'Israël ?

Le basket-ball

Quelle école d'architecture a exercé une influence considérable sur le style des bâtiments de Tel Aviv ?

Le Bauhaus

TEL AVIV

PRAGUE

Auteur pragois qui a écrit *La Métamorphose* et publié, à titre posthume, *Le Procès*, je suis...

Franz Kafka

Comment s'appelle le pont qui relie la vieille ville au château ?

A. Le pont Alexandre III
B. Le pont Charles
C. Le pont Jacques

Réponse B

Quelle rivière, qui a donné son nom à une œuvre du compositeur pragois Smetana, traverse Prague ?

La Moldau (il s'agit du nom allemand de la Vltava, qui est son nom en tchèque)

PRAGUE